景辰 著

疲勞的顏色

GUANGXI NORMAL UNIVERSITY PRESS
广西师范大学出版社
·桂林·

图书在版编目（CIP）数据

疲劳的颜色／景辰著．—桂林：广西师范大学出版社，2014.4

ISBN 978-7-5495-5182-8

Ⅰ．①疲… Ⅱ．①景… Ⅲ．①中国历史—近代史—文集 Ⅳ．①K250.7-53

中国版本图书馆 CIP 数据核字（2014）第 046638 号

广西师范大学出版社出版发行

（广西桂林市中华路 22 号　邮政编码：541001
网址：http://www.bbtpress.com）

出版人：何林夏

全国新华书店经销

广西大华印刷有限公司印刷

（广西南宁市高新区科园大道 62 号　邮政编码：530007）

开本：880 mm × 1 240 mm　1/32

印张：7　　字数：130 千字

2014 年 4 月第 1 版　　2014 年 4 月第 1 次印刷

定价：28.00 元

目录

时间的味道——写在西南的话（序）

据说拿破仑能寻着气味回到故乡科西嘉岛，而我是靠火锅味道来记忆重庆这座城的。在山城生活了16年，竟然仍觉得它是个谜团，却又不愿打破它。譬如对故乡，我们有乡愁，然而再高明的智者也无法给出理性的解释。其实，人们往往对自己所爱之物知之甚少。唯其神秘，才爱之不尽。如李觏的诗："人言落日是天涯，望极天涯不见家。已恨碧山相阻隔，碧山还被暮云遮。"念之忧心悄悄，对之仍旧喜乐。

苏轼说人生如雪泥鸿爪，"泥上偶然留指爪，鸿飞那复计东西？"是有着生于三世十方的糊涂。对我而言，我只能说西南重庆与东北故乡共用一种乡愁的解释。乡愁如何解释并不重要，重要的是生出些做人的本色。

重庆，忽高忽低的街巷，似远还近的楼宇，像武林圣地，其实多产义士。歌乐山下，便有一座烈士墓，我的母校西南政法大学正与之守望相对。下面的话算不上慷慨，只是多少带着些书生意气，都写在西南，并且是以一个西政教书匠的身份写下的。

一

说来惭愧，我是常常困惑于《老子》的“身与货孰多”之问，却未学得一件认真的东西，亦不知学问之严。故至今也没有求得些许学行，能让自己笑着过日子。索性就以木心先生的好性情来开脱了：某一类人注定是浪子，“水淋淋的浪子”，如巴什拉笔下的天鹅，“混身是水，却还渴得要命”。浪子，是家里越阔气越要出走的，而我是不停地寻找着古典的阔气。其实，我们都是想在世间觅得一席顶红顶红的红色作为自己的皈依，这是一种对人生的虔诚。在大多数情况下，这份虔敬是普遍地被忽略或者被抑制了的，而一个美丽的字眼便可迸发出生之泼辣与慈悲，写作的意义即在于此，这本书的诞生也大抵出于这个念头。

张爱玲有好语："文人该是园里的一棵树，天生在那里，根深蒂固，越往上长，眼界越宽，看得越远……风吹了种子，播送到远方，另生出一棵树，可是那到底是艰难的事。"（《写什么》）这道理就如同世人所说的"事因难能，才更可贵"，有一种泼辣的韧性在里面。

虽不是文人，却从事着与文人相关的工作：读书、写作、教书，这不能不说是一种幸运。禅宗主张不创门派，不立文字。原因是世间万物太具体太神奇，不敢妄言。对此，我是深表赞同的，行动起来便是"持守"二字，通俗的说法叫做倔强。于好的方面来说，是不强人所难，误人子弟；于不好的方面来说，则未免事功少有而乏善可陈。所幸我这个人只要真喜欢点什么，确实颇有些不疯魔不成活的劲头。具体而言，我所信仰的那一点点，都寄托在生活中的小事上，类似老舍笔下的曹先生，满足于书斋的小而完美。《老子》说：知足者，富也。老师林向荣家中亦有这样的一幅字，回想起来却是某种味道，如师母的饺子，如老师的红梅烟。

友人李晓峰常说："不服高人有罪"，大概有态度决定一切的意思。我的理解是：诸如书斋之类的地方，不宜火气太盛，也不太欢迎大喊大叫的家伙。至人之行，不落罪福，超越赏罚，对此人事的态度应是反省的，而非批判的。用我们这个时代最流行的话来讲，叫做传递正能量。其实是照胆照心，照见知音之心。一个大老粗，忽然那么秀美一下，会产生一种气氛，让人明白生命不仅仅是一种生理现象，让人想起芥川龙之介的话，"人生真不如波德莱尔的一行诗"。

关键不在事物之内，而是游离于事物之间的关系，如一滴水珠滑落的神秘瞬间：

> 树叶丢掉自己闪光的包袱，轻松了。（纳博科夫）

写作由此而拥有一种可怕的轻松，清清白白，仿佛参与了宇宙中不需负责和非理性的创造过程，美得没有凭据。

现代人聪明，聪明到对一切都重新估价，不断升级更新。其实，人往往是在特别傻的时候才能接近真理，得蒙护佑。在我看来，这个“傻道理”在读书写作之类的事情上也可以运用：文章不必处处悦人眼目，勉强铺张成盛宴。一本书毋宁是一道菜，生于人间烟火，妙在有家常味道。可惜语言本是指代符号，食用起来还有个“咀嚼”、还原的过程。所以张爱玲说，写作就是给自己找麻烦，不过大大小小的麻烦没了，人生也就没了。

好的作品能借助多重可能性，丰富常识，打破常识，甚至重现人类的普遍处境。原因何在？这还要从历史的角度来理解。其实,每部作品都以不同的时间方式存在。人们花费几个小时便可以一览无余,而在此之前,有几年的时间它是停留在作家的笔端、案头、心上的;对于故事的主人公而言,它可能是一辈子的爱恨生死;最后,可能每部作品都成就了不朽之身。

吉人辞寡。作者用著作替自己说话,而自己却沉默着。有时,他的沉默是一种写作者的自满自足:凭借一支笔,他建成一座巍然大观的城,并且给他们独特的生存风格。

《孟子》说:“必有事焉而勿正,心勿忘,勿助长也。”说的就是所谓好学之事。一个思绪常常搁在心头,如颜回的“三月不违仁”。不过文章之事还要天授,成于自然最妙。《庄子》中有一则颇值得玩味:某人以三年之功制玉为叶,置真树叶中亦无人能辨。庄子却说:这玉叶虽妙,却没有风日里飘动的生机,而那是天地无心之作。“勿助长”说的就是这个意思。顾炎武的话更是一针见血:“一为文人,便无足观。”一个字用对了,雅俗共赏;用错了,全文皆输。写作的路,真是时时刻刻走在剃刀边缘,还得随时保持风度。

凡大品,无赘述,似大富翁的朴素。一本书能否写好,端看作者舍不舍得把许多好材料删掉。历史书大都肥肥胖胖,像个可敬的公民站在书架上,自负而沉静。不过,再成功的史家亦难逃“狡猾”的失败:他捕捉的细节远不如遗漏的多,这本书尤其如此。

敢于一出场就亮出底牌者不外两类人:高人者如曹雪芹,虚张声势者如程咬金。我自然是属于后面一类,故聪明的读者在此文之后就可以结束对本书的阅读了,一整本书都不过是在掩饰作者的肤浅,并没有什么新颖之处。

二

历史必是严谨的科学，这种观点其实有违历史。我们只能说，历史女神管不了现代史学，一如缪斯女神已经照管不了现代文学。

现代人多少都有点“物质主义”的影响：明于析物力，漏于知人心。史学家仿佛都变身为思想机器，循着科学的操作方法，生产冷冰冰、硬邦邦的研究成果，就像从生产线上蹦出来的弹簧，别无二致，有光无彩。他们没有格物的大志，更不懂得摆姿态：让万物都立地成佛是古人最成熟的姿态。

现代人喜欢谈论生活之权利（人权），而我们的先人却是最注重“礼”。到得今日我们才明白，无论怎样的扩张权利，亦无法创造生活的余裕。产业经济的膨胀时时催促着生产者，而《易经》所言之“天下文明”并不是靠流行的数据统计可以实现的。凡政治的、历史的问题都纳入到数目字的框架，反倒忽略了人世的庄严美好，而政治在古人那里是生于历史的大信，是重建文明的大志，如：

凡政治的、历史的问题都纳入到数目字的框架，反倒忽略了人世的庄严美好，而政治在古人那里是生于历史的大信，是重建文明的大志。

吴季札观乐，把几个朝代几个国家各只说得几句，却已见其大，乃因他这人能生于三世十方。司马迁亦并没有见过乌龟壳上刻的字，他的《殷本纪》却能写得这样真，是因为中国历史自有大信，是因为他能懂得，是因为他的人好。中国史学这样正确而完全，是因中国人说历史能像历史自己在说话，不是以鸟鸣春，而是春禽鸣，倒并非古籍保存得多即是完全。(《山河岁月》)

史学的记事记言其实是重在记人。读吴季札，我们不但从他的话里晓得了中国文明的真实，而且更看见了吴季札本人：一种士的贵气。

历史上有“南季北孔”之说。吴季札也好，孔子也好，其实都不是选民的代表。他们并不依附于任何组织，却能使时代风气与万世之道豁然开朗。道理很简单，他们是士，是人世间的贵人，从不受制于一切产业，亦不为权势所限，只是懂得对祖先谦虚，对文明谦虚。不过这一切都已成为“古典”，这个词汇的最高含义无非是“虽不能至，而心向往之”。现代人的好古之心大多止于“让古人的归古人，今人的归今人”之类的智慧，不过，这或许就是写作此书的一点点元气吧。

历史是什么？是时间的味道，是寻求趣味的本能，是敏感者的梦忆。在我看来，卓越的解释其实与史家身份无关，而是来自文人周作人：

“梦忆”大抵都是很有趣味的。对于“现在”，大家总有点不满足，而且此身在情景之中，总是有点迷惘似的，没有玩味的余暇。所以人多有逃现世之倾向，觉得只有梦想或是回忆是最甜美的世界。讲乌托邦的是在做着满愿的昼梦，老年人记起少时的生活也觉得愉快，不，即是昨夜的事情也要比今日有趣：这并不一定由于什么保守，实在是因为这些过去才经得起我们慢慢地抚摩赏玩，就是要加减一两笔也不要紧。遗民的感叹也即属于此类，不过它还要深切些，与白发宫人说天宝遗事还有点不同，或者好比是寡妇的追怀罢。(《陶庵梦忆序》)

又或者，是来自小说家杜拉斯的追忆，追忆一种老去的方式，一种因爱而生的沧桑，因着这沧桑，时光的流逝才不那么残忍：

我已经老了。有一天，在

一处公共场所的大厅里，有一个男子迎面走来。他主动介绍自己，他对我说："我认识你，永远记得你。那时候，你还很年轻，人人都说你美。现在，我是特为来告诉你，现在的你比年轻的时候更美。那时的我深爱着你，但是，与那时的美貌相比，我更爱你现在那饱经沧桑、备受摧残的容颜。（《情人》）

光阴无形，人事历然，如沧桑面容，丝丝白发，如罗马人的谚语：历史女神只钟情于细节。如果真要为这一小段文字配上一幅画面的话，我的选择是陈志让先生充满韧性的冷峻面容。

陈志让一直遁居海外，在同行中亦以隐士风度闻名。据王尔敏回忆，1983年8月，陈参加"中华民国初期历史研讨会"时，仍是中年人潇洒自信的样子，他在会中未发一言，亦未与他人交际。这让我不禁想起胡兰成笔下的徐步奎，一个"心思干净"的民国青年：

步奎近来读莎士比亚，读浮士德，读苏东坡诗集与宋六十家词。我不大看得起人家在用功，我只喜爱步奎的读书与上课，以至做日常杂事，都这样志气清坚。他的光阴没有一寸是雾数糟蹋的。他一点不去想到要做大事。他亦不愤世嫉俗，而只是与别的同事少作无益的往来。（《今生今世》）

哲人日已远，典型在夙夕。胡兰成生于1906年，陈志让生于1919年，张爱玲生于1921年，徐步奎生于1923年。他们创造的文化潮头至今仍高悬在那里。他们仿佛仙人下凡，迷倒众生无数，亦留下闲愁万种。

最沁人心脾的说法来自豹哥的亦诗亦酒吐真言：历史这东西其实是奢侈品。微醺中，我们一众人听他以极平淡的语调讲述沙漠玫瑰的故事：这种植物能死而复活，枯朽时是死去的地衣，投入水中八日，便又舒枝展叶，盛放如玫瑰；而对于不明来历者，它不过是一团难看的杂草。据说这个故事出自龙应台，其实这已无关紧要了。我想要表达的是：在动辄著书立说的时代中，豹哥几乎是述而不作。其实，卢云豹这个名字、这个人就是一部作品，而我是如此幸运，幸运到可以常读常新。他谦逊喜气有风度，却又如新荷新叶的不可揉搓。为此，我情愿相信豹哥的说法，历史这东西，毋宁是一种品味。历史上的诸多机缘亦因人之品味而得开示。

历史亦是一种"退"的姿态，仿佛遭遇大事的不围观。退开，可以观察，可以积累，而后便自然而然地生出向前的弹力，像跳高。

历史书写是一种对人的言语，是思想的泪水，虽无法洗净人间，却能把人类的腻与刺激揩拭干净。"个人被团体淹死""人类被物质淹死"，这样刀刻斧凿的铁律，毋宁是某种与石像道别的方式。换言之，历史贵在有人味，接地气，哪怕是真心真意，假言假语。从这个角度来看，法律史可以说是法学的水与空气，是一种非典型的人的自觉，而不是什么典型时代、典型人物、典型规律。若真要列举所谓的历史规律，恐怕就是人类在任何时代都面临的两种贫困：知识的贫困与品性的贫困。知识、学问可以伪装，品性伪装不了。没有丰满健康的品性，知性才华会跛足，蹩脚。

历史如水，污染不得。不过，科学的崇山峻岭爬累了，到历史长河中洗个澡，多痛快。

历史亦是一种“退”的姿态，仿佛遭遇大事的不围观。退开，可以观察，可以积累，而后便自然而然地生出向前的弹力，像跳高。

美国有个浑身都是故事的怪作家，叫考德威尔。他房间里有一块红地毯，据说是走到哪儿就带到哪儿。理由很简单，作家吃过苦，住过又冷又湿的地下室，小红毯曾伴随他一起度过这段苦日子。这红毯就如同老兵的伤疤，结结实实，并且是越久远越回味无穷，引申开来就有个“历史”的大道理了：古典的东西离我们愈远，我们就愈有创造美丽幻想的自由。活过的部分既然乏善可陈，没有活过的部分自然要加倍地珍惜。

不过，退得太远也不行，会有重重阻隔。让曹雪芹写秦皇汉武，让陀思妥耶夫斯基写罗马帝国，恐怕是真实性也没了，艺术性也没了。博尔赫斯说希腊人把荷马当作盲人，一定是经过深思熟虑的。同样，我把写作的范围限定在清末民国也并非一时冲动。今天的我们已经与康有为、袁世凯的年代相距百年，要读出这一百年的时空差异，难；要写出这一百年的时空差异，更难。不过，写作的幸福，也许就在于这种竟然“熬过来”的暗自庆幸，意外丰收。

《西游记》第九十八回写唐僧到得灵山脚下，乘无底船险些落水，惊疑中望见上游泱下一个尸身来，他又大惊。行者笑道："师父莫怕，那个原来是你。"原来那是唐僧的业身，众人皆说："可贺，可贺！"我在这本书里亦是有看见自己业身的亦惊亦喜。

三

这本书不事体系，更谈不上什么有名目的风格。我的简单目的就是尽力去呈现一种印象，而不是一场争论，姑且戏谑地称之为"印象派法学"吧。印象不是思想，未经整理的印象更有质朴的价值。敏于时代的变化与偶然，谦逊地记录下来，历史女神的细腻大抵如此。

清末到民国的宪法部部新鲜，却无法究底，难定其名。众说纷纭中，"龙的宪法"之说颇悦人眼目。[①]如此命名有几个方面的考虑：其一，中国以龙为图腾，龙在某种意义上就是中国的标识；其二，对中国人而言，"龙"也是某种力的象征。民间用"龙腾虎跃""龙马精神"来形容好的形势或状态，"龙的宪法"恰能表

"龙的宪法"恰能表达这种欢喜的力量，也印证了中国政法思想与社会达尔文主义的暗通款曲。

① 李鸿禧：《李鸿禧宪法教室》，元照出版有限公司1999年版，第205页。

达这种欢喜的力量，也印证了中国政法思想与社会达尔文主义的暗通款曲。其三，龙的形象由鸟类、哺乳类、爬虫类、两栖类及鱼类拼凑而成，虽然威武，却常给人以诡异难测的感觉，所谓神龙见首不见尾，中国的宪法亦有这种怪诞的气质。如果要探究这种“怪诞”的来龙去脉，“君主立宪”无疑是个源头。

那时的宪法是粗糙的，如陶器，如汉家陵阙的石兽，太光滑细腻反而不好。《钦定宪法大纲》不是《人权宣言》，《临时约法》也不是《独立宣言》。它们是另外的一种款式，一种源于《尚书》的款式，一种源于“洪范·九畴”的款式。今天的人应当尊重那时的粗糙，要知其黑，守其白，至少它们并非空中楼阁。

列维·施特劳斯说病态社会有个退化的过程。一旦某个社会感到搞不清有什么可以传给后人，甚至开始依赖后代之人来创立典范时，病态社会就形成了。它是没有沙的沙漠，没有土的田野，长不出牡丹花来。便是长出了，也是个异种。这个论断固然巧妙，却并不能适用于中国历史。

举例而言，史家常言清末是“道丧文弊”之世，其实未必尽然。清末的君主立宪虽如同一部不见血肉、只见理论骨骼的劣质翻译作品，可当时的人们却都寄希望于这样的一个文本来打破时代的沉闷空气。因着这“宪政”二字，西方与中国历史地、内在地、必然地联结在一起，而其实更多的是不相干地相干着，于是，“少年中国”也无可奈何地“进化”起来了。

中国在迈向20世纪的挫折中，出现了一股革新的精神。那时的新思想，不完全靠书本传播，更无法想象互联网的速度，而是真的漂洋过海，从风中送来的。“西风东渐”，名字好，传神。社会进化论、宪法学说、法治思想、地方自治计划、西式教育和军事改革等一下了涌进来，一时难以消化自不必说，单是判定孰优孰劣已是巨大的思想工程。时人称那个时代为"少年中国"，与之遥相呼应的是"少年德国""少年爱尔兰""青年意大利"等，全世界都梦想着成为希腊式的童贞美少年，顾盼生姿。在20世纪30年代之前，中国的报纸上一直流行着这个词。现在看来，这个说法真好，活化出一种姿态。

宪政毋宁是一种伟大的寻求，且是仅止于寻求的伟大。汉文明是连《楚辞》都嫌太认真，中国的文艺复兴是对宪政亦不必太执迷。宪政就好比是一朵西洋玫瑰，玫瑰固然美丽，但不能为了给它浇水而把整个院子都泡在水里。

中国的确老了，一把老骨头。"少年中国"，是骨头先醒过来，硬起来。

和同时期日本的"明治青年"运动相似，"少年中国"专指1898年的君主立宪派及其维新运动，后来才泛指在全中国兴起的文化复兴运动。立宪派是世界不宠他们，他们自己宠爱自己，还要翻出很多古典来为自己撑腰。最典型的代表当属梁启超的"少年中国说"，刚健的文风为作者赢得"笔锋常带感情"的声望。细细思量，那笔锋的感情却是带着苍老口吻的早熟青年的调子。我的意思是，宪法这个婴儿，是穿着唐装诞生的，十足的少年老成，并且，人们似乎都笃定他嘴里含着宝玉。诸如“不立宪无以求富强”的执着，大有放手一搏之意。如《尚书》中的“谋及卿士、谋及庶人”不成而用卜筮，是“以有心问于无心”，在当时却是问到了西方那颗心。

远水不救近火。其实，西方从未给中国开过药方，中国亦兀自倔强于自己的岁月山河。它们只是各抓各的痒，各疗各的伤。宪政毋宁是一种伟大的寻求，且是仅止于寻求的伟大。汉文明是连《楚辞》都嫌太认真，中国的文艺复兴是对宪政亦不必太执迷。宪政就好比是一朵西洋玫瑰，玫瑰固然美丽，但不能为了给它浇水而把整个院子都泡在水里。

君主立宪派之弱点在于对现实的东西太过依附，像绣在屏风上的花鸟，连出逃的意思亦没有了。他们是以朝廷之心，问世界之大，再怎么问也只能问到朝廷。所以他们谦虚，只在朝廷里拼命翻跟头，把君主立宪也说成是客客气气的君主制，死乞白赖地要来个大团圆的结局。

六君子太斯文，真正的书生意气，没守住分寸，一开口就否定批判，如谭嗣同的大仁之学：

> 二千年来之政，秦政也，皆大盗也；二千年来之学，荀学也，皆乡愿也。惟大盗利用乡愿，惟乡愿工媚大盗。（《仁学》）

他们习惯于振振有词地与当权者商榷，其实自己心里是悲凉无奈的境地。难怪今人读康、梁的文字，总是没来由地生出些壅塞的忧伤。看清朝廷的荒谬，是一个智者的基本标准。从这个角度来看，立宪派、军阀、袁世凯都不达标。他们都是点燃了一把火，却煮熟了别人的饭，只可惜仍是一锅夹生饭。

这段历史中最大的败笔是诛杀六君子。他们是义士，义士殉道而死就成了神话。神话如何杀得？最后是把一丝变革的朝气逼上梁山，也把朝廷自己逼上了绝路。他们的时代在解体，眼前并没有伟大的新时代，而革命党人却是有着民主革命的前景。于是，立宪的水落，革命的石出。

革命的前一日还口口声声尊王，革命的后一日便是连腮帮上都挂满了主义。1911年的革命挖了一道深沟，将中国隔而为二，生活在这个国度里的人却没有变。

法由心生，亦由心灭。其实，何必计较什么立宪派、革命党，归根到底是一颗心。民国有位浙江嵊县胡村走出来的书生，叫胡积蕊（兰成）。他有个叫朱天文的女弟子，文字里有英武气，时有一问千年的气概：世间哪得百炼成钢之心？心毋宁似玉，也要碎，也要养。文化之事又何尝不是呢？宪政史毋宁是中华民族百年来心灵史的一部分。心有郁结，只能慢慢地解，不求甚解亦是一种解。

立宪派似月亮，只一面向着人世，漂

亮，另一面却是高处不胜寒。他们的致命弱点是只顾着面朝帝王，却背对着齐民庶人。从朝廷的角度来看，皇权已说到无话可说，还是硬要说下去，说是要“永固”，其实是已经没法安顿，硬撑着，于是就有了君主立宪这一幕。

在中国人的字典里，“节”是个好字眼。春生夏长，秋收冬藏，都是踏正了节气。以立宪之名而行政治革命之事，错在花期未至而强开，自然难得果实。

革命的前一日还口口声声尊王，革命的后一日便是连腮帮上都挂满了主义。1911年的革命挖了一道深沟，将中国隔而为二，生活在这个国度里的人却没有变。以北京城为例，除了热闹之外，那里亦是个具有人性的神秘魔窟。它是某种历史连续性的明证，也是个非凡的例外。袁世凯在城中迷失，军阀亦在城中迷失。最初是渐迷，到了洪宪帝制即成了顿迷。

有限朝廷，告别易；无限江山，再造难。为帝国服务的经验和随之而来的权谋是袁世凯的双翼，令他每有飞跃之姿，只可惜他亦因此而失去了落脚之地。他是只有一分光，硬撑着非要发两分热；他只是一支蜡烛，却是两头都拿来点。

说到军阀，先是曾国藩开了一扇门，袁世凯又开了一扇门。此后，门里涌出杀伐之气。他们是生的龙、活的虎，事事用计谋，处处不买账，到底不成款式。但曾、袁二人可以不负这个责任，那是时代的问题。

袁世凯似彗星，虽有绚丽的光，最终只是一闪而过，成了不洁不祥的异数。多年来，袁世凯及其洪宪帝制的历史多以神人共愤的面目示人，这不是件好事，也不是件坏事，而是件有意思的事。其实，道德的力量是愈隐愈好，最好是埋在土中，一点一点透出来，滋养花果。史学应向文学学习，让道德退隐，让人出场，不要一上来就弄个很高超的调子，把人架空。

史学应向文学学习，让道德退隐，让人出场，不要一上来就弄个很高超的调子，把人架空。

袁世凯的悲剧很另类，特别之处在于对自身的误解。袁氏之所以称帝，仅仅是由于他每天早晨都相信自己要失掉总统宝座。可叹袁氏父子，一个是混迹朝廷的老练臣子，一个是不忘帝王梦的早熟青年，守着各自的心思，坐在政事堂中说诳。所谓“言真不如言幻，言佛不如言魔”，洪宪帝制的戏剧性恰恰激发了我的好奇心与些许斗志：何不用这块顶黑顶黑的底子，来构成伟大奇异的画幅？这幅画的色调是文章不过小道的狼狈感：“古人作事无巨细，寂寞豪华皆有意。书生轻议冢中人，冢中笑尔书生气。”亦是“员外”卢俊义遭遇梁山强人的好胆魄：“慷慨北京卢俊义，金装玉匣来深地。太平车马不空回，要收此山奇货去。”把人生的愚妄及轻薄侥幸都禁断了，便是怎样的书写亦不至出言不逊。

古人的梦，由今人来解。政事堂里的迷梦亦是要由我们来醒。

在众多反对袁世凯称帝的声音中,最普遍的立场恰恰是传统的道德观。以康有为、汪凤瀛为例,他们基本上避而不谈共和、民主。1916年3月,康有为曾向袁世凯慷慨陈情:

> 夫以今中国之岑岑也,苟能救国而富强之,则为共和总统可也,用帝制亦可也,吾向以为共和、立宪、帝制,皆药方也,药方无美恶,以能愈病为良方,治体无美恶,以能强国为善治。若公能富强自立,则虽反共和而称帝,若拿破仑然,国人方望之不暇。若不能自立,则国且危殆,总统亦不能保,复何纷纷焉?(康有为:《请袁世凯退位电》)

中国古代是连绝交亦有割席之礼,康有为能如此力劝袁世凯,心中一定是有着某种高尚的挣扎:"追昔强学之会,饮酒高谈,坐以齿序,公呼吾为大哥,吾与公兄弟交也。"真是阳气十足的糊涂。

康有为说"北风多厉,春色维新,为国自爱",真真圣人言语,可惜太嫌斯文,总是放不下教训人的姿态。换个角度来看,他也真是能以魏晋风度来平视袁世凯这个人,这就很好。

好在冷不防冒出个火一般的"太炎"先生章炳麟,小学功夫让鲁迅、周作人都直呼不懂。现代人以为他是个老气横秋的学究,而日本学者近藤邦康提出了完全不同的见解,他说:"只有章炳麟,才能对梁启超等近代主义的性质予以尖锐的批判,才有批判代议制、强调联合被压迫各民族、预示中国革命的将来的深刻的洞察力;并由其彻底拒绝制度的思想和'革命道德'说,创立了没有制度而以民族为主体的革命思想的核心。”[1]更为重要的是，章太炎不仅是小学家，还有黄老的根基，庄子的气度，再加上佛学的底子。当时人称章疯子的他每每故作不同，其实是真正不同，如《易经》所言之“不事王侯，高尚其事”。

在抛弃了朝廷却充满朝廷气氛的民国初年，章太炎以超人的胆魄向时代的浊流大施拳脚。他是下定了决心，也用尽了苦心，用道家文体写出佛家慈悲。在众多“过来人”当中，他是少数几个能做时代之浪子的智者。汤显祖常常称道的“智极成圣，情极成佛”竟然应验在章太炎身上。他既能善待自己的浪漫天性，又能给他的另一个天性——现实的眷恋——留有余地，以至于今天的我们不得不感叹他的天赋异秉：在他那里另有一种风格，有庖丁解牛式的游刃有余，有常挽硬弓而生出的娴熟气度，以及以一己之力克服整个时代的自由笔墨。

在洪宪帝制的戏剧中，我们绝不会遇到例外的事物，所有发生的事都曾经

“法如朝露”，或许，“近代中国”可以此四字来题名，如此，才配得上彼时的苦心、决心乃至无可计数的那些没有名目的大志。

① ［日］近藤邦康：《救亡与传统——五四思想形成之内在逻辑》，山西人民出版社1988年版，第240—247页。

发生过。袁世凯的人生真是莫名其妙，所有的努力都有古典可寻，寻来寻去的都是毫无新意却又意犹未尽。他是打了一个更大的窝，筑起一个更大的巢，等待自己来充当新王。

福楼拜创造了具有普遍性的“包法利主义”：想象即是生存。明明不是这样，却以为自己非依赖那样的状态而不能活。换言之，人人都是包法利夫人，每天都梦想着能逃出自己有限的真实人格，走进某个传奇的世界。在这个层面上来理解袁世凯，他的人生只是一部谎，居然相信称帝是如墨子的兼爱：“摩顶放踵利天下，为之。”（《孟子·尽心上》）他用一个又一个的谎来欺蒙自己，然而到了哄无可哄的地步，最后就只剩下那苍凉的一问：“难道这一切都不是为我而设的吗？”

清末以来，西方变身为魔镜，映衬着几代国人对文明之世的想象。到得今日，我们才明白中国之心并非揽镜自照所能呈现。《韩非子》说：

> 至安之世，法如朝露，纯朴不散，心无结怨，口无烦言。故车马不疲弊于远路，旌旗不乱于大泽，万民不失命于寇戎，雄骏不创寿于旗幢；豪杰不著名于图书，不录功于盘盂，记年之牒空虚。……因道全法，君子乐而大奸止。澹然闲静，因天命，持大体。故使人无离法之罪，鱼无失水之祸。如此，故天下少不可。

对文明的喜悦与自信，竟是这样的赤子之心，跌宕自喜，不隔不腻，远非进化、近代、人权所能包容。“法如朝露”，或许，“近代中国”可以此四字来题名，如此，才配得上彼时的苦心、决心乃至无可计数的那些没有名目的大志。

四

我要感谢张爱玲先生，给我一生中最美好的阅读记忆。世人常说她通透，其实她的作品是有着人生的大誓愿。于我而言，是不愿只做个大学里的文献学者，一个整天忙着排注释摘要关键词的知道分子，只知玩弄知识，动辄批判否定商榷。

张爱玲擅写软弱的凡人，她的为人亦可以说是与世人交浅言深：仿佛并不是一定要坚持什么，而是在说着悄悄话，恳切，苍凉，乃至没有名目。1944年8月，上海的《杂志》上就刊载着她的一番悄悄话：

> 所以活在中国就有这样可爱：脏与乱与忧伤之中，到处会发现珍贵的东西，使人高兴一上午，一天，一生一世。听说德国的马路光可鉴人，宽敞，笔直，齐齐整整，一路种着参天大

树，然而我疑心那种路走多了要发疯的。还有加拿大，那在多数人的印象里总是个毫无兴味的，模糊荒漠的国土，但是我姑姑说那里比什么地方都好，气候偏于凉，天是蓝的，草碧绿，到处是红顶的黄白洋房，干净得像水洗过的，个个都附有花园。如果可以选择的话，她愿意一辈子住在那里。要是我就舍不得中国——还没离开家已经想家了。（张爱玲：《诗与胡说》）

传说中的历史之神叫克莱奥（Clio），是一位女性，轻声细语才符合她的风度，女神哪用得着失态怒吼？她是春风至人前，淹然生百媚，谈笑间亦能与世人闻风相悦，与万物肝胆相照。如张爱玲的文字，轻轻的，淡淡的，却又淡得那么奢侈。仿佛是人在弄堂深处拉着胡琴，力证人世不虚，意犹未尽，却并不耽溺。她为中国担当了一种人性的可能，而且是个大而高而阔的可能。

我要感谢胡兰成先生，以民国世界的劫毁之机映出历史与人生的大志。他说读书妙在能不以书解书，作文之妙是不言理而理在其中。他说中国人读书是观其文而想见其人，那道理是孔子所说的“侍师之礼”：随侍左右方知老师有在文章、学问之上的那个好。他东渡日本，孑然一身，如浮花浪蕊，却别有一种正大庄严：“我是如水中的一朵莲花，双手捧来献给世人。”他说“世无豪杰与共饮，室有妇稚亦天真”，是有一种隐的气魄；说“见与师同，减师半德”，是有着教而化之的意思；又说“世间顶好之物原不是拿来教人的”，因那格物致知是要让万物都立地成佛。学问之道是如张爱玲所说的：驱使万物如军队，倒不如让万物解甲归田，一路有言笑。他说“读人事胜于读书”，是有一种闯的气魄，道理却是古典的：古人秋冬狩猎，春夏读书，若什么都不做而单是读书，则且魇矣。

大道若隐，其实明之，天下事，犹未晚。

我还要感谢朱天文先生，单是《花忆前身》的书名就配得上任何褒奖。年少的她与胡兰成素面相见，世人始得闻真人言语：不做此身做何身，不生今世生何世？禅宗有句话叫做“至道无难，惟嫌拣择”，是叫世人志气清坚，不要生出分别心来，如胡兰成的诗：

学书学剑意不平，
未知成败只今身。
尽输风雅与时辈，
独爱求妻煮海人。

后一句是元曲中的故事，书生与龙王之女爱恋，龙王不允，携女入海。书生于是煮海以求妻，后感动天地终成姻缘。这诗是当下读了感动，只是不知如何回应。阅读是一种无声的情思，如人在幽谷，对着无名的山花。但得一天有长城泰山在，历史迟早会为这些空谷幽兰题名。

我要感谢钟阿城先生，感谢他的《遍地风流》，如水墨画，笔笔干净，没有溢墨。阿城让人物以自己的方式承受空虚和生活的磨难，朱天文称之为一种天道的眼光。他的诗性散文给我一个明确而凝练的开示：好作家，首先是个出色的文体家。

最后，我要感谢我的导师王人博先生和我的师父李郁平先生。1997年，我由东北入渝，真个是客心浩荡，无所安顿。那状态是如天地之始，混沌莫名。所幸有他们相伴，方知何为诗意、性情与风度。去年读到革命者应修人的诗句：

> 笑问兰花何处生，
> 兰花生处路难行。
> 争向襟发抽花朵，
> 泥手赠来别有情。

兰花好比是为学为人之道，二位老师便是那泥手赠花的老妪了。在常人眼中，他们似乎都有些另类气质，其实，另类才有大慈悲、真性情。寻味于人间也好，执着于人间也好，都是有着更大的人生爱。英雄无他，心思热而已，他们总是对这个世界爱之不尽的。英雄豪杰亦是可以为时代题名的，在我心中，他们二人就足以为西政题名。

五

语言即人说话的方式,某种意义上就是一个人的个性和自尊。所谓作品是个矛盾体,十月怀胎的比喻并不恰当。作品当如金字塔的建造方式:精密的计划之后,是棱角分明的砖石层垒起来,而如此旷日持久的辛苦劳作,并非指向某个目的。它就是那样屹立在沙漠里,有直插云霄之势。猛兽也许会在其下撒尿,参观者梦想爬跃而上,考古学者试图一层层揭开它,但无论如何都无法抹除它的存在,连作者的言语思想也叠在了石头里。我这几年来的幸福,就是心安理得地造这个塔,爱这个塔。造完后照旧在塔外散步,视它如不存在。

"戒烟"是很容易的事,因为这个行为往往只有过程,人们可以轻而易举地不断尝试。还是阿城说得好,一个嗜烟如命的人,突然有一天再也不碰这劳什子了,对自己都这么狠,如何做得朋友?这自然是玩笑话,不过有激将法之意,是奉劝世人要重信守义。终于完稿收笔,忍不住抽了一根,目眩神迷,那气味不在记忆中，却又似曾相识。历史，或许就是这样地让人生多出些兴味与欲罢不能吧。

讲作品的由来，就如同说明一棵树是怎样开出花来，难。奇怪的是这个序言写得不短，几至矫情——吟诗念词几乎要被人类归于矫情的表现了。大概我的性格在变，很多人的性格都在变，这很好。

景辰

2013年9月于重庆

I

袁世凯的绝境——洪宪帝制札记

人人都有绝境,尤其是心理绝境。世人常说的绝处逢生,势必要趟过一条血路的。1916年的共和民国就流行着这样的话语:立宪国重法律,共和国重道德,君主立宪、袁世凯、洪宪、绝境。

1915年11月21日,全国各省区的国民代表就国体问题进行公决。1993张选票都赞成君主立宪,没有一张反对票或废票。之后,各省区分别发出一份45字推戴书,内容相同,一字不差:"谨以国民公意,恭戴今大总统袁世凯为中华帝国皇帝,并以国家最上完全主权奉之于皇帝,承天建极,传之万世。"

新帝国以"洪宪"为国号,袁世凯的解释是,他要创建一个“伟大的宪章时代”。孰料新朝未立，举国舆论皆声讨袁氏。云南宣布独立后，袁问计于总统府顾问张国淦，张说要从外交、军事、舆论三个方面考虑，袁冷笑着喝道：什么舆论？我看中国就没有这件东西。[①]人事历然，天道不疑。历史虽然无情，却很公平，众所周知的结局是，“洪宪元年”六月六日，袁世凯在绝望中死去。

四十五年后，陈志让在传记中信笔描绘着帝制乱局，对袁世凯亦有持平之论：

> 他实际上完全成了独裁者，效忠和国家统一是对他复辟帝制的最好解释。……对于中国人而言，效忠于一个人，比忠于国家或忠于抽象的约法更易于理解。这样，袁世凯企图通过紧紧地依靠封建帝制的经验把人民聚集在他的周围，他终究被迫全部依赖

① 丁中江：《北洋军阀史话》（第二册），中国友谊出版公司1992年版，第215页。

于这条经验。[1]

袁世凯视君主制为某种高贵的努力，这种努力既代表那些怀着强烈保守思想和帝制信念的大众，也寻求他们的支持。为此，他不得不对公意采取一种实用主义的理解甚至利用。

陈志让在袁世凯身上用意很深。一本袁氏传记出色地描绘了清帝国的崩溃与民国的兴起。作为一部政治史传记，独具匠心的史家眼光与散文诗般的韵律节奏都独树一帜，陈氏甚至以其朴实流畅的文字而跻身文体家之列。他坦言写作袁氏传记时正客寓英国斗室，虽然如此，此书仍能不囿于俗套，没有编年史式的平铺直叙，亦绝少僵硬的史实罗列。在此意义上，《乱世奸雄袁世凯》亦是一本复杂而精细的小说。文字洗练、平实，并不刻意添加钢骨来做成时代的纪念碑，而是如叙事诗般，有岁月流转，光阴徘徊。

民国之初，既有残留的梦想，也有初试共和的新规划，人们对这个脆弱却大胆前行的世界也只能采取挑剔与警觉的态度，洪宪帝制即受制于此种氛围。当时拥护帝制的主力是官吏和想做官吏的人。这些人对于采用何种国体其实并不在意，其中以曹汝霖最具代表性，他曾对帝制一事这样表过态："我受总统知遇之恩，何能反对？"[2]另一个引人注目的怪异心态来自袁世凯。他的政治顾问莫里循在1915年的日记中称，袁在病中对他抱怨当总统的不如意：当清朝总督时所

① [加]陈志让：《乱世奸雄袁世凯》，傅志明、鲜于浩译，湖南人民出版社1988年版，第192页。

② 曹汝霖：《一生之回忆》，春秋杂志社1966年版，第138页。

受的限制比当总统还来得少。[1]在称帝蒙羞等事件中，袁世凯是怀着澄清天下的大志的，这是陈志让先生的独特见解。如他所说："袁世凯复辟帝制，与其说是出自个人野心，不如说更大的影响来自于政治、文化方面的压力。"[2]

常识告诉我们：没有约束的人性总是不幸的。袁从未被当作有德行的政治家而受人尊崇，这是动荡时代中铁腕人物的必然结局。不过，历史上亦有另外的声音赞叹袁在重压之下的风度。袁在免于被逐出京城的残年中亦努力保持风度，一种他在戎马生涯中始终引为自豪的风度，遗憾的是，他已经无可挽回地逾越了壮志许可的界限。这种为袁辩护的观点虽存在争议，不过如此褒扬毋宁是对洪宪帝制的一种隐喻：袁为重建帝制而开创伟大的宪章时代，他在垂死之际仍言"约法"，如此迷途恰恰为闯入龙窟的宪法埋下了艰辛的伏笔。

袁为重建帝制而开创伟大的宪章时代，他在垂死之际仍言"约法"，如此迷途恰恰为闯入龙窟的宪法埋下了艰辛的伏笔。

《乱世奸雄袁世凯》是一部成功的传

① [澳]骆惠敏编：《清末民初政情内幕——〈泰晤士报〉驻北京记者袁世凯政治顾问乔·厄·莫里循书信集（1912—1920）》（下），刘桂梁等译，知识出版社1986年版，第491页。

② [加]陈志让：《乱世奸雄袁世凯》，第248页。

记。这并不是说陈志让活化了袁的形象,而毋宁说是他使袁融入时代的动荡中,从而把读者的注意力引向更深处,引向中国这个龙窟。当宪法堂而皇之地成为政治生活中不得不考量的因素时,许多政治人物都陷入困惑。龙窟中的宪法为新的时代创造出一个混杂着不能公之于世的苦斗、暗流、权谋的背景。惊人的观念不断涌现,每一个都试图为时代题名。袁无可挽回地走向帝位和死亡,而他的敌人并未巩固龙窟中宪法的地位。相反,宪法日益成为民国最于事无补的装饰物和政争的工具。

是什么促使我们追逐袁世凯的生平足迹?又是什么促使我们醉心于民国史研究?宪法撩人心意,为什么建造“伟大宪章时代”的帝制运动却屡遭恶评?在这些问题中,陈志让并未试图把袁氏困住并使他屈服,以成就学者的宏大理论。同样,如果我们仍坚持在某个界限外驻足观看,上述问题永远无法获得诗意的解释。“民主国以法律为基石,立宪国则非依道德而不能立”,袁在国会演讲时的观点阐明了一个古典的帝国原理:政治的一体化以道德的一体化为基础。袁世凯要恢复的君主是立于法律之上的君主,这种卫道的君总是把道德看得比法律重要。袁的成败皆在谋略二字,思想史的眼光难以揣测,再富有想象力的文学选择也无法为一个活生生的人塑像。或许,历史的奇妙处正在于非同寻常的行动所生出的莫名其妙。

陈志让敏锐地觉察到袁氏之“思想贫乏”。他的尊孔、复礼、称帝,都是某种谋略,其来源正是植根于“儒家的政治结构”。旧的统治模式与观念未必是袁真正信奉的理想类型,但一统天下的热情和为旧制度服务的经验似乎持续不断地折磨着这位强人。袁甚至试图用“皇恩浩荡”来控制官吏士庶,有趣的是,正是他一手造就的军队重新使中国陷入混乱，最后沦为地位低下的国家（退化的国家）。在袁世凯之后，我们仍是要思考这样的问题：承天命者，如天子、领袖，抑或精妙的政制（礼法），究竟孰轻孰重？

承天命者，如天子、领袖，抑或精妙的政制（礼法），究竟孰轻孰重？

袁世凯是个集权论者，信奉大一统才有行动的大力，同时也试图利用诸如宪政、民主等外来思想。他的策略是锐化二者之间的差异，洪宪帝制恰是沟通这些异质事物（文化）的另类试验场。虽未成功，但袁在功败垂成的叹惋中仍有一丝收获的喜悦：他差一点就错过了帝王之身，而他竟没有错过，这无异于神话。在神话语言中，每一项志在恢复正义、挽救时局的事业，通常都指向某种属于过去的理想秩序。换言之，对美好历史的记忆是一种确证，它使我们确信征服未来是值得的，哪怕是不择手段也在所不惜。袁因此而成为一个“可怜的民族主义者”：

> 袁世凯公开的目标就是要创建一个强大的中央政府。如果这意味着无视共和国的民主

原则的话，那么，他正是准备往此方向发展。袁世凯设想把中国建设成一个由他统一的强国的愿望，是他爱国主义或民族主义本质的反映，然而，他仅是这种意义上的民族主义者。[①]

洪宪帝制曾借助于神话意象，其耐人寻味处在于这段历史把我们及现实、当下推向无限反省的高度。陈志让对袁世凯称帝事件的解读颇值得玩味，他认为洪宪帝制的失败并不是帝制观念终结的明证，被这一尴尬历史送进墓穴的只是官吏君主制。袁世凯试图促成中央文官统治全国的新政局，但1916年后的中国却进入官吏依附于军人的军-绅政权时期。

陈志让曾这样描述民国的“国情”：“法和统在近代中国基本上是冲突的，不可调和的。冲突发生的时候，护法的人要护法，卫道的人要卫道。护法和卫道都靠军-绅集团的人，这几乎等于派罪犯当警员。”[②]历史证明，军人也好，士绅也好，都是既不护法，也不卫道，只是各有各的活法与持守。他们是魏斐德（Frederic Wakeman Jr.）笔下雄心勃勃的“妖魔”“巨蟒”，如戴笠之类随儒家体系之消亡而破落的儒生，在王朝衰落时靠强大个性与谋略称雄。[③]他们胸中的元气太盛，“万世不易”“君民共守”的宪章制度亦难收其心。在此意义上，陈志让的另一个评断才更加发人深省：“派系的斗争到处都有，但是不受

---

① ［加］陈志让：《乱世奸雄袁世凯》，第240页。

② ［加］陈志让：《军绅政权——近代中国的军阀时期》，生活·读书·新知三联书店1980年版，第112页。

③ ［美］魏斐德：《间谍王：戴笠与中国特工》，梁禾译，江苏人民出版社2007年版，第364页。

规章、纪律、宪法约束的派系斗争是近代中国历史上的一大特色。”[1]虽然中国最终以革命的群众路线重建统一，但在袁世凯、蒋介石、戴笠所处的时代，政治考量的关键仍然是建立或者培养文化与政治上的一致性。广泛的政治参与无法收立竿见影之效，相反，强人、领袖都尝试培植少数有组织且易于控制的信徒（派系）。

虽然中国最终以革命的群众路线重建统一，但在袁世凯、蒋介石、戴笠所处的时代，政治考量的关键仍然是建立或者培养文化与政治上的一致性。

革命是一代人新的格物致知，而在袁世凯看来，革命无非是使本已扭曲的现实更为扭曲，他不想再身陷其中。袁之身份源于一个帝国，但他必须为“民国”而从显要的位置纡尊降贵至民众的水平，以便与他们对话。袁之对手并非没有过去、没有传统、没有记忆的乌合之众。民国的成就来源于一些新的学说，这些学说本身就立足未稳，袁与他的支持者亟需一整组国家用来发展自身形象的叙事工具。

皇帝是真霸主，革命未必是真行宪。袁世凯对共和的理解基本上是把它与中国传统政治理想混为一谈，如周召

① ［加］陈志让：《军绅政权——近代中国的军阀时期》，第163页。

共和、大同社会之共治共享。政治会议对祭孔、祭天的解释是:“民智未开,恢复古制将是挽救辛亥以来显著的道德没落的一个切实办法。”[1]从这个角度来看,袁世凯希望建立的帝制不是从外国介绍来的,而是自秦汉以来逐渐发展完备的帝制。

宪法作为国家富强的象征,一直贯穿于清末民初的历史,这个主题预示着那个时代对新制度的看法。袁之言行表明他一直恪守帝国政治的旨趣,以至于洪宪帝制往往被理解为向传统帝制的回归,一次现代化的回潮,甚至戏剧化为袁抗拒死亡的仪式。不过帝制的迂回曲折中却可以辨识出独特的思想脉络,这种思想与其说是“保守”,不如用“离题”来形容。在卡尔维诺的文学史中,“离题”是一种用来延缓结局的策略,一种使作品中的时间繁复化的方式,一种躲避或逃离死亡的方法,这种叙事方法因劳伦斯·斯特恩的《项狄传》而受到关注与效仿。交错迂回的离题甚至有让历史与时间迷路的可能,这样作者或许可以躲在不断变幻的隐藏处,那里充满着众生、人群和故事:

> 如果说直线是两个命定的且不可避免的点之间的最短距离,那么,离开主题的枝节则可以延长这个距离;而如果这些枝节变得如此复杂、如此交错和迂回,而且迅速得足以掩蔽其本身的踪影,谁知道呢?——也许死亡就找不到我们,也许时间就会迷路,也许我们就可以一直隐藏在不断变化的隐匿之地。[2]

---

① 《北京日报》,1914年1月16日。

② [意]卡尔维诺:《新千年文学备忘录》,黄灿然译,译林出版社2009年版,第48页。

欧洲历史上有这样一则故事：一位作家滔滔不绝地诉说着关于命运的剧作，拿破仑斩钉截铁地打断了他，厉声喝道：政治就是人的命运。的确，政治事务中无法永做胜者，在德性上赢得的，又随时输掉在权力游戏中。最后，是某些死亡事件的出现令历史峰回路转。袁世凯生前有资格自信地依赖自己的才能：在重压下保持风度、警觉与明辨是非。不过，有两个问题似乎从未被他认真思考：其一，是什么力量促使人们加入到重建帝制的计划中来？其二，在他周围是否有一股智慧的潜流、一种德性的声音？如果有，如何权衡？

袁世凯似乎厌恶那种以民主、进步的幻象来阿谀人的方式。事实上，他被创建帝国的狂热耗尽了心神。梁启超等知识界醉心于重建中国的心魂，袁则醉心于成为这个心魂的大脑，并把中国置于复古复辟的悬崖之上。袁试图把中国的政治策略与他对宪法的微弱欲望隔绝开来，只是由于缺乏明确的思想动力而未获广泛支持。洪宪帝制在众谤声中结束，没有一部伟大的历史或文学作品来描绘它。袁在某种复兴的气氛中迎来政治生涯的新高峰,在留下伤心而支离破碎的遗言后离世,至今我们仍不明白他生命中最后几句话意味着什么。

帝制的多重面向甚至类似文学作品的典型风格:意不尽宣与暗藏讽刺。如果洪宪帝制是一部小说,那么这部小说并不是讲述我们如何获得现代经验的故事,而是讲述我们在迈向现代的途中正在逐步丧失掉的东西。

最令人惊叹的事情是,袁世凯的个性在革命中全然驾驭了一切。也许,袁在就任总统时才意识到自己的全新处境:他终于可以放任对于君主(帝国)压抑已久的热情了。在洪宪帝制的戏剧中,我们决不会遇到例外的事物,所有发生的事都曾经发生过。袁世凯的所有努力都有古典可寻,寻来寻去的都是毫无新意却又意犹未尽。他是打了一个更大的窝,筑起一个更大的巢,等待自己来充当新王。可叹袁氏父子,一个是混迹朝廷的老练臣子,一个是不忘帝王梦的早熟青年,守着各自的心思,坐在政事堂中说谎。

古人的梦,由今人来解。政事堂里的迷梦亦是要由我们来醒。

革命的前一日还口口声声尊王,革命的后一日便是连腮帮上都挂满了主义。1911年的革命挖了一道深沟,将中国隔而为二,生活在这个国度里的人却没有变。以北京城为例,除了热闹之外,那里亦是个具有人性的神秘魔窟。它是某种历史连续性的明证,也是个非凡的例外。袁世凯在城中迷失,军阀亦在城中迷失。最初是渐迷,到了洪宪帝制即成了顿迷。

有限朝廷,告别易;无限江山,再造难。为帝国服务的经验和随之而来的权谋是袁世凯的双翼,令他每有飞跃之姿,只可惜他亦因此而失去了落脚之地。他是只有一分光，硬撑着非要发两分热，他只是一支蜡烛，却是两头都拿来点。

说到军阀，先是曾国藩开了一扇门，袁世凯又开了一扇门。此后，门里涌出杀伐之气。他们是生的龙，活的虎，事事用计谋，处处不买账，到底不成款式。但曾、袁二人可以不负这个责任，那是时代的问题。

袁世凯试图从帝制恢复中一箭双雕，即在扬弃了君臣关系的政治框架中，仍然奉行“忠于一人”的古老法则。袁也终结了我们承袭传统的一种方式、一种风格，再没有像他那样的强人如此恋恋不舍地依凭一个已死的文化。他曾努力把一些流行的新观念镶嵌到中国这条巨龙身上。那是袁世凯最好的时机，迟一点这条巨龙就有可能变成受束缚的怪兽。他想抢在它被列强织就的巨网俘虏之前，仍奋力一搏，从而争取一些减量的尊严。

袁也终结了我们承袭传统的一种方式、一种风格，再没有像他那样的强人如此恋恋不舍地依凭一个已死的文化。

中国一直是政治即教化万民之责，把提高人的品格当作一件公共的大事。在袁世凯和他的许多同代人看来，共和也好，帝制也罢，本质上并没有什么差别。不论采用何种政体的类型，都不过是一个“器皿”。这个器皿盛装着国人的灵魂，他们要照管这些灵魂，教化这些灵魂，必要时也要弹压这些灵魂。

早在春秋时期，中国就形成了“祭政一体”的政治模式。君主通过战争、献祭、狩猎等仪式化的暴力获得权势与尊重。古老的帝国始终遵循着这种统治模式，从这个角度来看，洪宪帝制所具有的宗教性质并不亚于它的政治性质。

像中国这样的文明国度，不管人们的思想是守旧还是维新，归根到底是以几个非常简单的概念为基础的。问题是，在那个思想与个人关系都极其复杂的民国世界里，怎样确立起对这些概念的共识。把美德作为一种制度来表现，这是我们的历史与习惯。从当时的情况来看，类似的观念得到士绅阶层的普遍认同。袁撤销帝制后向国人传达了一种忧国忧民的情绪，这痛楚也许今天的读者已无法领会，甚至把它描绘成骗人的表演。洪宪帝制的确类似一部将美德制度化来表现的戏剧。不过，复辟派的主力恰恰不是那些遗老遗少，他们也并不追求复古仪式的审美效果，其主要用意在于“教化”。袁世凯试图重建传统的权力模式，他十分清楚这种一元化权力模式的根底一定是道德的一元化。袁世凯和他的幕僚喜欢君主政体的原因也来自对中国的独特理解，比如梁士诒在1915年说：

> 中国官方的和商业的传统和习惯都强调个人的关系。就制度和一般法律原理来说，抽象的思想形式为我国人民所不理解。在皇帝的统治下，权力将会更加稳固，因此有可能彻底进行基本财政改革，如地产税改革等。要抵制官员

中贪污腐化的发展，就必须要有对个人忠心和负责这样的一个因素。中国人无法想象对一种纯粹抽象概念的个人职责。①

袁世凯不能有效利用绅权，这既是他重回帝制的背景，也是导致他失败的主要原因。

清末以来的种种变革，领导者与受惠者主要限于社会上的士绅阶层。辛亥革命的成功，亦主要由他们推动。民国建立后，权力的品质与社会结构并没有深刻的改变，反而加深了士绅阶层与下层民众间的隔阂。在杨格（Ernest P. Young）看来，士绅这个传统概念至少在民国史研究领域仍有其重要性。士绅的政治理想是以省为基础来进行建设，再进一步经由省的联结而达成国家之统一，这种理想产生的背景是清末的地方主义。就省的地位而言，辛亥革命的成功，实得力于各省的独立响应。相应地，在民国初期，无论军人还是士绅，都执着

① ［美］芮恩施：《一个美国外交官使华记》，李抱宏、盛震溯译，商务印书馆1982年版，第139页。

于“本省人治本省人之事”的原则。[1]袁世凯不能有效利用绅权，这既是他重回帝制的背景，也是导致他失败的主要原因。

帝制运动的最大弱点是对人民信念的误判。陈独秀在1917年时就表示有限度地认同袁世凯的判断，即大多数人信奉君主制而对共和体制缺乏信念。袁的失误在于没有意识到信奉不等于支持，没有取得与民众的政治联系，同时也想当然地认为军人与士绅阶层都会对他采取合作态度，这是袁世凯失败的主要原因。[2]莫里循对称帝一事也有类似的判断，他认为革命即使当年不发生，也不会再拖十年，不论施行共和或者帝制。他的一位在四川传教的朋友缪尔更是一语道破当时的政治暗流：

> 要说当皇帝，除了袁世凯，别人谁配？……我看过大量有关目前运动的文章，可没有发现一篇我认为是真正谈到帝制失败原因的文章。归根到底也完全不是共和对帝制的问题。……我遇见的那些人，认为轻率而不合时宜的复辟帝制运动，以及矫令推行号称“全体民意”的代表，是产生问题的根源。……当前革命的真正动机，似乎由于袁世凯手下几个失宠的旧友，心怀嫉妒所造成。这个看法只是部分正确，但正是这一说法本身指出了真相。[3]

---

① [美]杨格：《现代化的保守人物——袁世凯》，林满红译，张玉法主编：《中国现代史论集第四辑(民初政局)》，联经出版事业公司1980年版，第171—192页。

② 陈独秀：《旧思想与团体》，《新青年》，1917年3月1日。

③ [澳]骆惠敏编：《清末民初政情内幕——〈泰晤士报〉驻北京记者袁世凯政治顾问乔·厄·莫里循书信集(1912—1920)》(下)，第522—536页。

真相总是单薄的，并且有挟持读者之嫌。引述这些细节不是要给出洪宪帝制的标准答案，而是借助洪宪帝制的经验给予我们一种自我理解的可能性。这是什么样的经验呢？其实，在袁世凯的经验中发现的，并且在称帝事件中呈现给世人的真实是：“后帝制”时代的政治在很大程度上仍受制于帝国的规则。这就是我要讲述的洪宪帝制的故事，它们无法用现存的概念解释，也无法解释现存的概念。它们之所以发生本身即对中国的一种解释，而这已经足够了。

“后帝制”时代的政治在很大程度上仍受制于帝国的规则。

百年来，对袁世凯的评价要么从革命道德的角度，强调弱者正义，并视袁为贼子野心之辈；要么受政治偏见影响，视袁为独裁军阀。本文并非袁世凯的思想传记，亦无意关注所谓枭雄的野史趣谈。如果是前一目的的话，最好去看陈志让先生的文字，而如果是后者的话，恐怕还有另外的胜任者。“哲人日已远，典型在夙昔”，在某个时代看似否定之物，在一切时代之中自有其飞扬与肯定。史家笔下，只有好汉熊汉，没有混蛋与罪犯。与其矫枉过正，倒不如天道无亲。

历史书写看似殉人殉物，其实是妙在有一代人的笑语。化悬案为常识，且能止于所当止，高明的史家每每令人意犹未尽，浮想联翩。他是一位诗人，一位雕刻家，一位小说家，唯独不能像观光客，溺情溺物，见到什么都大惊小怪。

世人常说乱世源于帝王内心的邪恶，其实世间哪得百炼成钢之心？心毋宁似玉，也要碎，也要养。绝境中的袁世凯如赌徒般尽失风度，自毁长城，这正应了胡兰成亡命日本时写下的诗句：“百年岂云短，急弦不可弹。”百年来的忧患刀兵，或许要待百年时间的残胜去杀，方得解脱。革命也好，立宪也好，都是时代的大誓愿，最终必是要成于文艺复兴的壮阔饱满。

佳兵不祥——中国宪政史上的军阀语境

军阀是难以驾驭的“有枪阶级”。[①]这一术语被用来称呼段祺瑞、吴佩孚、张作霖、冯玉祥、阎锡山等人，中国政治因这些名字而表现出高度人

① 文学是一个民族的秘史。作家沈从文曾经是军阀军中的士兵，后来他在作品中对枪的重要性有细致的描写。据《我的教育》中记载，活捉逃兵的赏金是300元，领赏后分给大家。逃兵的命运是被杀头，如果他没有拐走枪则从轻发落。逃兵如果逃脱，最大的损失不是队伍中少了一个人，而是他拐走了枪，凭这支枪可以参加匪帮，在地方上吃喝一辈子。在《一个大王》中，沈从文记述了女土匪因枪而活命丢命的故事，而与她有染的弁目却靠着枪的威慑力而脱险。沈从文：《我的教育》，《沈从文文集》（第三卷），花城出版社1992年版，第138页；《一个大王》，《沈从文文集》（第九卷），花城出版社1992年版，第208—210页。

格化的特征。同时，中国社会的独特性也严格地限制了这些人的统治类型：他们只是为儒家秩序提供了一个应急的替代物。作为流产之革命最大的受益者，军阀之所以品性残缺，只因他们本身就是旧秩序崩溃的碎片。即便如此，军阀也不能仅仅被视为清王朝的遗物，正如列文森所说："民国初年，不应只被看成军阀统治时代，因为像秦或隋一样短命的蒋介石南京政权具有帝国的各种特性，并为一个更为持久的王朝铺平了道路。"[①]列文森的论断至少催促我们思考如下问题：如果民国初年不是军阀掌控的时代，如何理解它的性质和意义？军阀一词在不同的语境下是如何被使用的？为什么民国的声望会迅速下滑？为什么君主制的种种象征被消除后还出现以宪政为名的君主制（洪宪帝制）？

一、军阀之特质

把军阀问题从野史趣谈转到历史研究的工作始于20世纪60年代。作为军阀史研究的开路先锋，薛立敦把军阀界定为"凭借武装力量称霸一方的人"，他们利用不受外力控制的军事组织，在一定的区

① [美]列文森：《儒教中国及其现代命运》，郑大华、任菁译，中国社会科学出版社2000年版，第257页。

域内行使有效的统治。[①]在此基础上，研究者主要从如下几个方面来讨论军阀之特质：

(一)军队私有。这种解释源于罗尔纲“兵为将有”的理论，袁世凯及其所属的北洋军就是突出的例证。[②]军人支配体制成了军阀时期的基本特征。军人能否上升为军阀，就看他能否组织对其忠诚的私兵集团。这一点使他们区别于传统的文官体制，其特点是陈志让所说的

---

① 1991年日本学者渡边惇把各国学者对军阀定义的研究概括为三个方面：1.军阀为保护自己的利益而持有军队；2.军阀占据可供支配的地盘；3.军阀在其地盘上建立起直接的军事统治。参见[美]薛立敦《冯玉祥的一生》，丘权政等译，浙江教育出版社1988年版，第1页。在众多军阀定义的阐释者中，薛立敦、陈志让的研究最具有代表性。本文主要采用两人的观点展开讨论。有关军阀一词的定义问题还可参阅[加]陈志让《中国军阀派系诠释》，张玉法主编：《中国现代史论集第五辑(军阀政治)》，联经出版事业公司1987年版；[加]陈志让：《军绅政权——近代中国的军阀时期》，生活·读书·新知三联书店1980年版；[加]陈志让：《乱世奸雄袁世凯》，傅志明、鲜于浩译，湖南人民出版社1988年版；[加]戴安娜·拉里：《中国政坛上的桂系》，陈仲丹译，江苏教育出版社2010年版；[美]罗伯特·A.柯白：《四川军阀与国民政府》，殷钟崃、李惟健译，四川人民出版社1985年版；[美]唐纳德·G.季林：《阎锡山研究——一个美国人笔下的阎锡山》，牛长岁等译，黑龙江教育出版社1990年版；[英]加文·麦柯马克：《张作霖在东北》，毕万闻译，吉林文史出版社1988年版；[美]齐锡生：《中国的军阀政治(1916—1928)》，杨云若、萧延中译，中国人民大学出版社1991年版。

② 私兵集团的特点有一个形象的说明：在新建陆军及其扩充而成的北洋新军中都挂着袁世凯的肖像。参见[日]波多野善大《民国军阀的形成过程》，任恒俊译，《承德师专学报》(社会科学版)，1991年第2期，第31—55页。

“军-绅政权”，军阀的品性亦为其所限。[①]在太平天国时期，清廷征召常规人口轮流入伍的方法使这个农业大国豢养了一支大军，军阀主义遂成为这支大军的副产品。曾国藩的湘军和源自湘军的淮军最为著名。他们的军队都是自招自练，不隶属于兵部，对将帅的忠诚取代了对朝廷的忠诚。罗尔纲认为“兵为将有”的湘军制度支配了咸、同后的兵制，之后导致了分崩割据的局面。[②]军阀的部队在性质上更接近于佣兵军队，长官与部下有很强的依附关系。以冯玉祥的军队为例，在军队中设立工厂、学校，推行一致信仰的方式使他的军队具有

① 按照陈志让的解释，“军”是1895年之后渐渐发展的军队，有时也考虑团防和土匪；“绅”（缙绅，士绅）是受传统教育，有功名的人。有些任过政府的职位，有些拥有田产地产。中国从所谓的绅士或地主政权建立以后，实际的政权基础是绅士和军人的联合，即“绅-军政权”。1912年以后，军人势力壮大，就渐渐转变为军人领导绅士的政权。北京的总统、总理、国务院、国会受军人操纵；各地方的县长、乡长也受军人操纵。这就是所谓的“军-绅政权”。以辛亥革命为例，在新政府的22个都督中，15个是军人，7个是绅士。军阀时期的显著特征是分崩离析：中央不能控制地方，法律不能控制派系。新兴的军-绅政权不能统一中国的原因有两个方面：一是派系的分裂；二是地区的分裂。派系的分裂象征着传统与现代化的矛盾；地区的分裂象征着既得利益不能调和，养兵的问题得不到解决。参见[加]陈志让《军绅政权》，第一、三、十四章。

② 罗尔纲的理论在20世纪50年代经弗郎兹·迈克尔介绍给西方学者，成为一种西方最流行的解释中国军阀起源的观点。麦科德在总结军阀史研究时指出，“兵为将有”理论不能解释所有军阀的产生与性质，似有笼统之嫌。清末民初的社会历史条件、军队的组织情况、各军阀的个人动机等都是需要考量的问题。令人钦佩的看法来自陈志让，他直言追溯中国近代军阀从何时开始“没有什么了不起的史学意义，也不一定得到圆满的答复”。参见罗尔纲《清季兵为将有的起源》，《中国社会经济史集刊》，1937年第5卷第2期，第235—250页；[美]鲍威尔：《中国军事力量的兴起（1895—1912）》；[加]陈志让：《军绅政权》，第159页；[澳]冯兆基（Edmund S.K.Fung）：《军事近代化与中国革命》，郭太风译，上海人民出版社1994年版；[美]麦科德：《中西学者研究中国近代军阀史之比较》，周秋光译，《湖南师范大学社会科学学报》，1993年第3期，第79—82页。

鲜明的私人特色。[①]

（二）领土割据。控制地盘是军阀存在的现实基础。有地盘才有给养，有给养才能控制军队。这决定了军阀的地方主义特色（山头主义），典型的代表是桂系军阀、四川军阀、阎锡山和张作霖。方德万认为“中国的军事力量分散成相互争斗的部队是军阀主义的关键特征”。[②]如果要追溯这种地方主义的起源，就要考察李鸿章和袁世凯的影响。在迈克尔看来，正是李、袁二人使中央权力失去基础，效忠于个人的小集团促成了地方主义格局。不过，由于没有儒教，没有以儒教为基础起双重作用的绅士，地方主义

① ［日］波多野善大：《军阀统治下的农村》，吴达德译，《自贡师专学报（综合版）》，1993年第2期，第15—20页。

② ［英］方德万：《中国的民族主义和战争（1925—1945）》，胡允恒译，生活·读书·新知三联书店2007年版，第91页。

退化为军阀主义。[①]

（三）地方治理。军阀与土匪最明显的区别在于土匪一般是抢了就跑，并不控制地盘，而军阀形成防区，建立行政机关，承担着治理的责任。柯白主张军阀确认标准的关键是“对貌似忠诚的下属军官进行直接控制的问题”。因此，“对‘军阀’一词下定义的困难之一是，必须明确在一个军事编制内究竟哪一级军官拥有哪种程度的独立权力”[②]。

（四）缺乏政治上的忠诚。如梁漱溟所说，“军阀不依恃任何社会

① 麦科德的研究表明，“持久的地方军事化”并不是一个具有解释力的概念。孔飞力（Philip A. Kuhn）和拉里（Diana Lary）认为军阀产生的土壤是19世纪中期的地方团练和地方军队，这标志着地方利益和地方绅士权势的成功壮大。之后的辛亥革命造成了一个“政治真空”，在缺乏文人体制的情况下，军人取代文人而干政，控制了国家和政府。麦科德认为上述观点都是“事实不足的假定”，湖南团练组织兴衰的历史至少提醒人们注意这一问题的复杂性。尤其值得注意的是，民国初期地方军事化的低水平状态甚至显示出绅士不欲尚武而宁愿文明的强烈愿望。日本学者沟口雄三认为16—17世纪明末清初的“乡里空间”乃“地方公论”展开的空间，其规模由明末的县一级扩充至清末的省的范围。如果依照时间的推移平实地观察历史的话，辛亥革命结束了持续两千余年的秦汉帝国以来的王朝体制，这显然是世界史意义上的大事件。而且，尤其应注意到的是，它并非采取由诸如革命派中央军、民众乱军推翻皇权之类的模式，而是各省摆脱中央宣布独立，这一形态的革命可以说是史无前例。换言之，“民间”“自治”空间的领域得以扩大，并扩充成为以省为单位的代替王朝体制的新体制框架。从这个角度来看，辛亥革命的积极意义大大超过了为军阀创造土壤的负面评价。[美]弗朗兹·迈克尔：《19世纪中国的地方主义》，《国外中国近代史研究》第11辑，第35—53页；[美]列文森：《儒教中国及其现代命运》，第251—261页；[美]麦科德：《民初湖南的团练和地方军事化》，周秋光译，《吉首大学学报（社会科学版）》，1989年第2期，第87—96页；[日]沟口雄三：《辛亥革命新论》，《开放时代》2008年第4期，第5—17页。

② 参见[美]薛立敦《冯玉祥的一生》，第20—21页；[美]柯白：《四川军阀与国民政府》，第50—63页。

秩序而生存”，相反他们的存在使得社会失序。[①]民国元年的临时约法受其制约，政党政治亦为其破坏。陈志让对1912—1928年曾任团以上军官的1300多人进行了家庭与教育背景的考察，得出的结论是“受过教育的军阀不过占全部的百分之三十，而其余的大部分是文盲或半文盲”。袁世凯的尊孔、吴佩孚的忠君迷信、张勋的复辟等事件都表明军阀对国家利益和民族利益（革命大义）缺乏忠诚。时代的动乱同军阀的生存壮大互为因果，自私自利和政治上的不忠诚

袁世凯的尊孔、吴佩孚的忠君迷信、张勋的复辟等事件都表明军阀对国家利益和民族利益（革命大义）缺乏忠诚。

① 梁漱溟认为军阀问题既不是人的问题，也不是秩序的问题，而是革命意识与社会事实不能齐一的产物。因此，军阀不是革命的对象。革命家以军阀为对象其实仍然是在重演武力破坏的错误。参见梁漱溟《乡村建设理论》，上海人民出版社2006年版，第83—86页。

亦是互为表里的军阀特质。[1]

（五）派系政治（军事）。军阀结成正式或非正式的组织与关系网，即派系。前者如督军团、安福系；后者如寅、年、友、世、乡等传统的私人关系。政党政治的行为标准是"讨论、表决、少数服从多数"；而派系政治行为标准则是一种交换关系（传统的恩惠与忠诚）。[2]军阀之间决胜负的方式往往是一个集团利用地位和贿赂收买敌对集团成员，从而造成敌对集团分崩离析。[3]派系政治与派系军队最显著的

---

① 陈志让的观点很具有代表性：如果军阀是真正的儒家之士，应该忠于清室而阻止1912年民国政府的建立；如果他们是真正的民族主义者，应该忠于国家的利益，团结起来以卫中国。因而上述任一情况下，他们都不可能是军阀，但是他们既不是儒将亦非国军将领，而他们之所以成为军阀，就是因为他们非儒家之士，也非民族主义者，他们那种自私自利不顾他人的心理往往胜过对国家或王室的忠心，这是现代中国的军阀在历史上的特质。不过，麦科德的见解亦值得思考。他认为笼统地把军阀界定为某种破坏性力量值得商榷。相应地，把袁世凯划定为"军阀之父"之说并不能服众。参见《辛亥首义回忆录》（第一辑），湖北人民出版社1957年版，第68页；［加］陈志让：《中国军阀派系诠释》，第10、24页；［美］薛立敦：《冯玉祥的一生》，第21页；［美］麦科德：《军阀主义处于穷途之境：民初文人政治取代军事统治》，《国外中国近代史研究》（第二十七辑），第37—38页。

② 尽管网络的紧密度随形势和网络结构的性质而变化，对民国初年军事竞争的研究表明存在某些既定的模式。在这些关系网中，信任强度从高到低依次为：私人友谊、学校联结、同乡、共同革命活动经历以及同一革命组织身份。这一归纳表明当时中国的政治仍然有过度依赖私人关系的特色。参见［美］萧邦奇《血路：革命中国中的沈定一（玄庐）传奇》，周武彪译，江苏人民出版社1999年版，第17—19、259—260页。

③ 例如直系利用皖系徐树铮与靳云鹏的对立，把靳云鹏从皖系中分裂出来而击败了皖系；张作霖联合段祺瑞、孙文，把冯玉祥从直系中分裂出来，从而击败直系；蒋介石与武汉政府唐生智争斗，诱使唐的部下何健倒戈而导致唐挫败；蒋同冯玉祥争斗时，使冯的部下韩复榘、石友三离开冯而致冯失败。参见［日］波多野善大《民国军阀的形成过程》，第33页。

弱点有四个方面：其一，派系以人事关系为基础，人事关系网以领袖为中心，这其中“施恩能力”是关键。蒋介石能够北伐是因为他的施恩能力的扩大。如果失去施恩能力则派系就会瓦解，如梁士诒在洪宪帝制中失去交通部。其二，派系共存局面导致了斗争的戏剧性和不彻底性。其三，派系之间无正式的沟通方式与渠道，这也是他们常常内讧的根源。其四，政见之重要性始终不及交换关系，这亦是军阀分裂与不团结的原因。如陈志让所说，派系斗争到处都有，但不受规章、纪律和宪法约束的派系斗争是近代中国的一大特色。“宪法体制由于参与者的派系斗争而耗尽了自身的活力”，黎安友教授的话可谓一语中的。[①]

士兵是军阀仅有的选民，也是理解军阀问题的关键。

二、民国兵气

清廷“变法”从海军“剪辫子”开始，次新军，再次社会。理由很具体，军舰上

① 参见［加］陈志让《军绅政权——近代中国的军阀时期》，第92、163页；李剑农：《中国近百年政治史（1840—1926）》，第461页；［英］麦柯马克：《张作霖在东北》，第213页；［美］费正清主编：《剑桥中华民国史》（上），中国社会科学出版社1994年版，第285—315页。

机器多，辫子绞进机器里很危险。这段历史虽出于常识，却并不流行。相反，在民国史上，似乎关于军阀的一切都人所共知，凿凿可鉴。不过细细追究起来，军阀却是民国史上的一笔糊涂账。1912—1928年，中国的1400多个大小军阀发动了140余次地方性及省际战争。从袁世凯死去的1916年6月到1928年6月，有六个人成为国家元首，组成25个以上内阁。对此，李大钊的清算最是泼辣，他把当时的政治生活比作“宰猪场式的政治”，而军阀是吃人民“血肉骨头”的“文武豺狼”。[①]

士兵是军阀仅有的选民，也是理解军阀问题的关键。古语有云：“夫兵，犹火也，弗戢，将自焚也”（《左传·隐公四年》），“夫佳兵者，不祥之器，物之恶也”（《老子》）。民间俗语也说“好男不当兵，好铁不打钉”，雷海宗称之为“无兵的文化”。这是一种消极的文化，消极到要取消公共生活（政治生活）。[②]在军阀时代，当兵几乎成为一种职业。据陈志让估计，在1920年代，军队、团防、土匪等脱产的武装农民约有500万以上，而同时期中国新式工业人口不过200万。养兵是军阀的基本考虑，失去士兵的军阀可能失去一切。与这些极端事件相类似的是无饷之兵的破坏性：一方面政治性兵变很少；另一方面是烧杀

① 先后任总统的顺序是：黎元洪（1916年6月—1917年7月）、冯国璋（1917年7月—1918年10月）、徐世昌（1918年10月—1922年6月）、黎元洪（1922年6月—1923年6月）、曹锟（1923年10月—1924年11月）。自曹锟失败后，经由黄郛的短期摄政，继之而起的是段祺瑞的临时执政（1924年11月—1926年4月）、海陆军大元帅张作霖（1927年6月—1928年6月）。参见[美]薛立敦《冯玉祥的一生》，第10—11页；沈云龙：《徐世昌评传》，传记文学出版社1979年版，第1页；[加]陈志让：《中国军阀派系诠释》，第3页；李大钊：《宰猪场式的政治》，《每周评论》第18期。

② 雷海宗：《中国文化与中国的兵》，商务印书馆2002年版，第101—102页。

劫掠变成常态。[1]

革命者朱执信有妙语：军阀不过是些为兵所累的“可怜”军人。他们相信兵有绝对的力量，视武力为达成私人目的之最佳手段，而最后却大失所望。[2]沈从文则坦言对革命的记忆只是杀戮几千无辜农民的图画。辛亥革命后，除了军官们不再坐轿而是跨马巡游这一点变化外，凤凰县唯一的实质变化是“地方一切皆由绅士出面来维持”，到后来，“做土匪

① 据统计，1926年广东省外的军阀主力武装分布如下：布置好准备对抗国民革命军的军队总数约为150万人。其中四川在1919年时正规编制的部队就达30万人；东北地区有195000军队；在华北有冯玉祥的军队约20万和阎锡山的军队至少有10万；张宗昌拥有17万大军；孙传芳统领着一支人数众多的联军；福建等地有超过2万的军队。参见[加]陈志让《军绅政权》，第77页；[美]柯白：《四川军阀与国民政府》，第11页；[美]季林：《阎锡山研究——一个美国人笔下的阎锡山》，第18页；[英]方德万：《中国的民族主义和战争（1925—1945）》，第99页；《北洋政府各省兵力最近调查表》，中国第二历史档案馆，787/1049。

② 在一篇名为《兵的改造与其心理》的文章中，朱执信这样写道：“带着兵可以把理想通行出去，没有能够阻挡的。等到真带兵，才晓得带着兵是一事不能办。总要想维持兵的现状，才能够维持自己的势力。既然维持现状，就没有彻底的改革搅来搅去，不过地位的转换，名号的变更。到得失败了下来，以为兵真是没有用的了，想做别一宗，不再入军队了。然而到这个时候，偏偏什么事情都被兵阻碍，什么社会上的事情都不能办，发愤起来，还是想着去进军界。等到再进军界的时候，他所经历的，还是和从前一样，他的失败出来，也要和从前一样。出来之后，什么事都做不成功，也要和从前一样。在这一反一复中间，不晓得冤枉花了许多精神，许多生命。到了现在还是一部分拿着一无所能的兵当势力，拼命保护，拼命扩张；一部分瞅着这些无恶不作的兵发恨，恨不得一下子彗星碰到地球来，和他同归于尽。”参见《朱执信集》，上海书店1990年版，第363—364页。

的机会比做平民的机会还多一点”。[①]沈从文对自己曾栖身军中的记述更是令人惊心触目:“我在那地方约一年零四个月,大致眼看杀过七百人。一些人在什么情形下被拷打,在什么状态下被把头砍下,我可以说全部懂透了。又看到许多所谓人类做出的蠢事,简直无从说起。”[②]

美国学者金介甫称沈从文为时代的解说员。在《沈从文传》中,他着重阐释沈从文的“地方主义”立场:让文学凌驾于政治之上,既反对汉人选的儒家道路,也抵制把湘西推向现代民族主义的革命道路。[③]沈视文化为一种同质化的危险,以汉文化为例,文质彬彬与繁文缛节的儒家道路虽然支撑着大一统政权,却在清王朝的最后十年走向破产。沈从文认为革命在文化上寻找力量并没有错,错就错在单纯从儒家文化着眼,而无视诸如湘西这样的部族社会与边疆文化。[④]

在沈从文笔下,民国世界充满血腥与不义,革命的残酷甚至表现在“杀人”事件的仪式化中,《新与旧》就写出了这种诡异气氛。清廷刽子手杨金标每次“砍头”都遵行一整套仪式,并且“这件事既已成为习惯,自然会好好地保存下来,直到社会一切组织崩溃改革时为

① 沈从文的文字没有悲天悯人的夸张,而是以天道无亲、天地不仁的冷静刺穿历史:“经过一番选择,该杀的杀,该放的放。每天捉来的人既有一百两百,差不多全是四乡的农民,既不能全部开释,也不能全部杀头,因此选择的手续,便委托了本地人民所敬信的天王。把犯人牵到天王庙大殿前院坪里,在神前掷竹筊……生死取决于一掷,应死的自己向左走去,该活的自己向右走去。”参见沈从文《辛亥革命的一课》,《沈从文文集》(第九卷),花城出版社1992年版,第121—128页。

② 沈从文:《从文自传》,《沈从文文集》(第九卷),花城出版社1992年版,第162—169页。

③ [美]金介甫:《沈从文传》,符家钦译,国际文化出版社公司2006年版,第138—139页。

④ [美]金介甫:《沈从文传》,第4—5页。

止”。但是，一入了民国，朝廷改称作政府，这种法律与宗教联合的仪式便同那刀子一样失去效力，枪的流行使便利地杀人成为革命的副产品。[①]

沈从文在政治上始终保持一贯态度。他喜欢士兵，不信任受西方教育的知识分子，对群众自发夺取政权的浪漫理想也不予理睬。他一生都认为中国政府的好坏取决于皇帝或想当皇帝的人如袁世凯、蒋介石的贤与不肖。军队生活让沈从文觉醒，而文学使他走向成熟，甚至让后来人留恋他所处的时代。当人们习惯于从立宪政治或现代化的视角来理解中国时，沈从文才更加显示出一枝独秀的魅力。虽然他“只写一个小小的、不难管理的世界”，但是却让我们时时为自己的狭隘而感到尴尬，因为我们忽视了这样的一个事实：“从一个湘西人的观点来审察全部中国现代史，就等于从边疆看中国，从沈从文的眼光看中国。”[②]

军阀政治最大的危害是在文人及年轻人心中种下了仇视整个官僚秩序的种

军阀政治最大的危害是在文人及年轻人心中种下了仇视整个官僚秩序的种子。

刀兵之气为一代人新的格物致知埋下伏笔，为民国史开出文艺复兴的新气象。

① 沈从文：《沈从文别集·新与旧》，岳麓书社2002年版，第89—103页。

② [美]金介甫：《沈从文传》，第290页。

子。与此同时，在五四一代人身上，忠孝观念被另一种礼敬智者（先生、教授）的风气取代：学生向往胡适之、鲁迅、梁漱溟等人，不选学校，唯选教授。文章之事，不过小道，却也能成就历史的柔和与明净。刀兵之气为一代人新的格物致知埋下伏笔，为民国史开出文艺复兴的新气象。那气氛就如同郭沫若的《女神》：颛顼与共工在不周山大战后，战场上混沌狼藉。这时来了一群女神，天地亦重新柔和起来。

三、作为一种语境的军阀

军阀一词本身亦是一种武器。如谢文孙所说，“从未有人自称军阀；军阀一词总是用于敌人”。北伐时期（1916—1926），国共联盟的宣传机构让这个词在中国大为流行，它被用来称呼那些与联盟对抗的所有军事敌人。加入革命联盟的军人便不再是军阀而是“革命将领”，当然，如果军人“反叛”，就会重新被称为军阀。于是，军阀一词渐渐地获得了与一切恶行联系起来的含义：“一切军阀都是为权力欲所驱使的；他们是反民族的，因此随时可以为了个人权力而牺牲民族利益。他们是反民主的、机会主义的、毫无原则的、封建主义的，特别是全不顾及国内秩序的。”[①]

军阀主义是国共两党强化其现代化、民族主义和革命话语的斗争工具，“他们把军阀主义描绘成由落后和缺乏爱国主义分支出来的一种心理病态”。因此，它通常是被当作一个政治贬义词来使用的，

① ［美］谢文孙：《一个军阀的思想与理想：陈炯明（1878—1933）》，《国外中国近代史研究》第9辑，第41—83页。

并不能作为社会或历史分析的工具。尽管以较少政治含义的标准为军阀一词下定义的尝试并不成功，但军阀、武人、军阀主义这类常用的同义词仍然可以作为“代指军事分裂现象的术语”。“围绕这一术语的概念，构成了对中国社会的本质、对中华民族以及人们相信从中发现了自己的历史阶段的理解。”[①]被称之为军阀意味着他的行动是为自己谋利，在思想上也没有更高层次的“忠诚”。很显然，这个词的主体不能获得民族革命的领导权，不过借助儒家观念，他们又可以与民族主义共存。

在地方上，将地方主义与民族主义有效结合的倡导者是桂系。他们还把地方主义与军人专制联系在一起，作为地方重建的强力后盾。事实上，“地方主义是迫切的、实际的，而民族主义是飘忽的、遥远的”。不过，随着这一证明其合理过程发展起来，民族主义不仅证明地方主义是合理的，还证明军人专制也是

① ［英］方德万：《中国的民族主义和战争（1925—1945）》，第90—91页。

合理的。[1]蒋介石名义上统一中国的事实正是在这种奇特的方式中确立下来的，亦因此而耐人寻味。[2]直到1937年日本全面侵华，民族主义终于获得具体而明确的内涵：抵抗日本侵略。此后，地方主义（军阀）逐渐被民众的民族主义所湮灭。

军阀主义并不是帝制崩溃的唯一后果，革命引发政治真空说的解释亦失之过简。[3]麦科德的研究立足于湖南与湖北两省的文化-军事背景，他试图说明革命后文官政治与文人权威的持续性。一些本质上属文人政治的省政权，不是滋生军阀的温床；相反，它们在有意识且卓有成效地阻止军人支配政治或控制政府。从这些省份的情况来看，军事主义并非后帝制时代的典型特征。如果要寻找近代军阀主义的起源，不必过多地执着于革命前之历史，而要更多地关注文化

① 正是在此意义上，陈志让称袁世凯和其他军阀为“可怜的孔孟之徒”“可怜的民族主义者”。参见[加]陈志让《乱世奸雄袁世凯》，第240页；[加]拉里：《中国政坛上的桂系》，第23页。

② 在20世纪20年代中期，武装革命与民族革命的形势在直奉战争后出现了转机。这场战争共投入55万军力，波及9个省份，损害了上海这样的大城市的经济，也削弱了北洋政府的内聚力。方德万认为国民党借讨伐军阀主义之机而建立广东根据地并强化军力，从此开始了国共两党以激进的意识形态来填补政治与经济真空的历史。参见[英]方德万《中国的民族主义和战争（1925—1945）》，第77—78页；Arthur Waldron，*From War to Nationalism: China's Turning Point，1924—1925*，Cambridge: University of Cambridge Press，1995，p260；[加]陈志让：《中国军阀派系诠释》，第31页。

③ 杨格认为袁世凯任总统期间并不是选择军事统治，而是选择建立中央集权的文人政治的一次尝试，换言之，袁世凯一直想建立一个文官阶层，并且还要确保文人居于军人之上。参见Ernest P. Young《现代的保守主义者——洪宪帝制》，傅乐诗等编：《近代中国思想人物论：保守主义》，时报文化出版社事业有限公司1981年版，第233—257页。

统治的延续性以及因此种延续性而引发的艰难政治选择。[1]

麦科德把军阀主义出现的背景置于一种“被动”的局面,“因为军人们在很大程度上是被邀请进入政治角斗场,去解决那些似乎不可调和的文人之间的政治冲突的”[2]。换言之,民初军阀混战的根源并非仅源于军人的黩武主义,在其根本处仍然要归因于宪法问题引起的政治争斗(政治的军事化)。这种情况甚至使军阀有可能沦为政争的牺牲品,刘湘、张作霖、徐树铮、孙传芳等军阀都为此丢了性命。

民初军阀混战的根源并非仅源于军人的黩武主义,在其根本处仍然要归因于宪法问题引起的政治争斗(政治的军事化)。

换个角度来看,军阀亦可能天赋异禀,个性传奇。在赛珍珠笔下,军阀甚至

① [美]麦科德:《军阀主义处于穷途之境:民初文人政治取代军事统治》,《国外中国近代史研究》第27辑,第39页。

② [美]麦科德:《二十世纪中国的内战与军阀主义的出现》,《国外中国近代史研究》第25辑,第97页。

无一例外地成为传奇英雄。[①]豪侠形象的戏剧性反映出一般民众对军阀问题的认识程度，陈志让则以学者的睿智指出军阀问题之重要性与适切性。在《中国军阀派系诠释》一文中，陈着力提出的问题是“宪政危机”。民国初建，困扰中国的最大问题是采取何种手段，以何种方式实现军权和政权的统一。乐观的估计是，只要有一部有效且稳定的宪法，就能使中国有持久而稳定的政治结构。军阀们也致力于为中国寻求一种权力模式，而这些寻求都伴随着种种危机而来：洪宪帝制、张勋复辟、护国战争、护法战争事实上都是宪政危机。在这些事件中，军阀的表现如何？影响如何？军阀各派系之间分合的原因何在？民国以来制定的约法何以失去效力？这些问题都是在宪政

① 在《中国的军阀》中，赛珍珠这样写道：“我所了解的军阀，无一例外都是天生的能力非凡之辈，都具有特殊的个人魅力，富于想象力和气魄，还常常有点粗犷的诗才。首要的是，他们身上富有高度的戏剧性。军阀把自己看成了不起的人物，犹如旧小说或与中国旧小说结下不解之缘的历史英雄人物一样的了不起。实际上，军阀像拿破仑一样，是天生的演员。军阀是感情强烈的人，富于狂想；或是残忍，或是仁慈；或为朋友，或为敌人，危险而反复无常；他们放荡不羁，通常都贪图享受。”转引自[美]薛立敦《冯玉祥的一生》，第22页。

危机的大背景下生发出来，亦要在这个背景中寻求理解。[1]

在中国历史的大部分时间里，武力一直是国家形成和国家建设的一个要素，但民国军阀的怪异存在并未贡献强大的规范性价值。军阀也许玩弄权术，鄙夷法治，但他们都不敢与传统公开为敌，甚至炫耀对传统的衷心，法统与护法

① 陈志让对军阀问题的关注可谓独辟蹊径。他认为除了薛立敦在《冯玉祥的一生》前言所陈述的理由外，军阀在民国史上的意义并未全面呈现出来。军阀到底是什么样的人，军阀如何兴起且获得巨大权力，军阀滥用职权对中国社会有何影响？为什么五四运动、华盛顿会议、中国共产党之成立、国民党的改组和五卅惨案，均以军阀政治的失败为背景？1860年代的中兴事业又被军阀破坏到何种程度？这些都是相当适切的问题。以护国战争为例，当时的语境仍然以宪政、宪法为关键词。比如梁启超、汤化龙等温和派分子曾向与北京脱离政治关系的督军们提了如下建议：1.此次内部纷争应称为“宪法革命”，不采用“独立”字样。2.如称此次纷争为革命，各省以不承认现行约法为上策，倘承认约法，彼等即成叛逆。3.如废除现行约法，总统、副总统、国会及其属下之一切机构，均将因革命而在法律上失效，必须如1911年的南京，全部改组。4.各省自行选出四至五人，在北京组成国民大会，一如参议院于1911年在南京，为中华民国制定临时宪法。5.现任行政元首辞职，得与前清逊帝享受同等待遇。6.如各省以反对北京政府1917年5月23日发布解除段祺瑞总理兼陆军总长职务，这一违宪违法的命令所采取的行动为正确合法，则根本大法（约法）应认为已失去作用和法律上的效力，否则，督军及其部下，势必成为非用武力加以镇压不可的叛逆。7.各省将在天津成立军务总参谋处，由前国务卿徐世昌领导，以前北京军警执法处长雷震春任总参谋长。在不承认约法即成叛逆的语境下，我们能清晰地辨识出一种以法律标准来制约军事手段的努力。参见[加]陈志让《中国军阀派系诠释》，第3页；[澳]骆惠敏编：《清末民初政情内幕——〈泰晤士报〉驻北京记者袁世凯政治顾问乔·厄·莫里循书信集（1912—1920）》（下），刘桂梁等译，知识出版社1986年版，第645—646页。

在那个宪法时代甚至获得更广泛的认同。举例而言,1916年与1923年的总统选举,1918年的国会选举,在这些宪法问题中,反对修宪的潜在动机都是私意与权力争斗。在军阀看来,1912年临时约法这个"法统"的尊严在于其模棱两可的含混性,突出的优点是在总统与国会、中央与地方之间留下了回旋的空间。于是,他们创造"法统"这一富有弹性的词语,以儒家的标准代替合法的标准。内战可称之为"义战",杀人可以升级为"义杀",以至于在洪宪帝制失败后,治人和治法都没有了,全中国都弥漫着渴望强人、强权、独裁的气氛。[①]另一方面,诸如胡适等五四人的努力,则留下了一丝自由的余味:他们总是想象着议会是一座图书馆,即使是心智不健全的孩童也可以在那里学习宪政,因为民主不过是一种"幼稚园政治"。[②]

---

① [加]陈志让:《洪宪帝制的一些问题》,《中华民国初期历史研讨会论文集:1912—1927》(上册),台北:"中央研究院"近代史研究所1985年编,第5—30页。

② 从清末至民国,有两种典型的宪法概念值得关注。梁启超把君主立宪解释成一种以开明专制为基础的精英政治,宪法是国家有机体之精神。宪法的力量既不在于它具体的代表选举机制,也不在于它分权、限权的条款,而在于它的精神鼓舞作用,我们可以称之为一种独特的精神性宪法概念:宪法所载的是理想,是将来,是来自西方的应该怎样。而在胡适看来,"民主宪政制度只是一种幼稚的政治制度。最适宜训练一个缺乏政治经验的民族"。民主政治的本质是"常识的政治",并不需要出类拔萃的人才,是"最幼稚的政治学校"。宪法所标识的道路并不超出常识,宪法所承载的是人们对现实的理解和需求,是人们可以通过练习而养成的政治习惯。因此,最好的实现宪政的方法就是实行宪政。这种常识性的宪法概念虽然并不流行,却也独树一帜。参见胡适《再论建国与专制》,《独立评论》,1933年第82期,第2—13页;[美]易劳逸:《流产的革命:国民党统治下的中国(1927—1937)》,陈谦平、陈红民等译,中国青年出版社1992年版,第193页。

四、“两头蛇”宿命

军阀在恶名昭彰的形象之外也保留着一些“革命”的因子。谢文孙对陈炯明的研究表明，并非所有军阀都被贪婪野心控制。军阀史不能单纯地被界定为机会主义者争权夺利的奋斗史。陈炯明曾对“思想文化改革的社会效力持乐观态度”，至少在他身上，我们能发现某种冲破“一省之力”的心思。如谢文孙所言，当诸如社会达尔文主义、无政府主义、社会主义、地方性观念、对同胞的忠诚等思想在陈头脑中遭遇时，显示出地方主义（军阀主义）为民族主义让路的可能性。[①]

在军阀史研究中，谢文孙的“文化和思想”视角非常独特。这一方面源于陈炯明对思想文化的威力异常乐观；另一方面如作者所说，如果在儒家传统的范围内考虑陈氏的思想，那么他的真诚似

① 谢文孙通过对陈炯明思想的研究表达了一种独特的认知态度：“也许研究一下军阀对当时各种问题的反应的意义，并不亚于听取同时代的相对而言是政治舞台旁观者的知识分子的议论。”参见[美]谢文孙《一个军阀的思想与理想：陈炯明（1878—1933）》，第78—81页。

乎是毫无疑问的。[1]

陈炯明这个与众不同的军阀形象的确值得考量。陈氏是一个拥有传统功名的革命者。他从幼年开始读儒家经典，二十岁中秀才。1908年毕业于广州法政学堂，由于受社会达尔文主义影响，他取“竞存”为表字。同盟会成员朱执信对他有很大影响。陈在1911年参与反清起义，他的军队所采用的“井”字旗是唯一象征着某种社会理想的旗帜。陈氏曾与刘思复等无政府主义者往来密切，并成为“中国无政府主义运动的唯一保护人”。作为政治领袖的陈炯明因其议员身份而享有权力和威望。他成功促成广州禁赌，这使他的政治声望迅速上升并成为广东代理总督。陈氏对新文化运动、教育现代化、广东的民主运动都有积极贡献。他促成广东宪法草案的制定，当时评论者称之为最优省宪。

对于孙中山的国家主义学说，陈炯明并不赞同。在《闽星报》发刊词中，陈谴责国家主义是政治野心家欺世诬民的骗术。即使一国以国家主义为手段达到富强，百姓却还要为政客们所控制而不自由。他借用克鲁泡特金的无政府主义观点，主张以互助和博爱的精神代替国家主义。虽然年轻时以“竞存”为表字，但陈炯明的看法与达尔文大相径庭，他认为生存竞争是一种道德欠缺的状态。很显然，

---

① 某些军阀真诚地信守民族主义的立场，对改革事业亦十分用心。以陈炯明为例，他的经历十分有趣地显示出各种不同思想在一个军阀头脑中遭遇的结果。从他对当时社会的抨击、对知识的力量的信念，特别是按照西方模式改革中国的制度机构也就是使之现代化的热情中，他的思想与新文化运动的思想非常相似。他对西方的了解可能是肤浅的，他的政策也往往夹杂实用主义的考虑，然而，他对现代化运动的关切和支持的真诚却无可置疑。参见[美]谢文孙《一个军阀的思想与理想：陈炯明（1878—1933）》，第52—54、79—80页。

这是因为儒家和谐观念的影响。陈氏的所作所为向我们证实了谢文孙的判断：陈炯明在儒家这个基本结构的基础上，选择吸收西方思想之后展现出非凡的“活力与灵活性”。①

明末士大夫孙元化曾在家中见到一条两头蛇，他为此口占一诗曰：“吾闻两头蛇，其怪不可弭。……首鼠两端乎，犹豫一身尔。”两头蛇在决定行止时的矛盾与挣扎，被台湾学者黄一农用来形容夹在中西传统之间的明末奉教士人。②从宪政史的角度来看，立宪派在面对东方与西方、皇权与宪法、富强与民主、集权与分权等选择时亦表现出“两头蛇”式的困惑。“犹豫一身”的中国宪政人不得不面对的事实是：宪政的价值体现为一种国家的德性，而列国竞争的现实又在客观上需要一种强力才能适应。

“犹豫一身”的中国宪政人不得不面对的事实是：宪政的价值体现为一种国家的德性，而列国竞争的现实又在客观上需要一种强力才能适应。

在民国史上，对集权与独裁体制合

① 正是在此意义上，谢文孙得出一个耐人寻味的结论：“简言之，虽然孙中山属于最先在中国鼓吹民族主义立场的人物，但他并不笃信这种思想，而陈炯明，一个公开批判民族主义的人，却常常为民族主义所驱使。”参见[美]谢文孙《一个军阀的思想与理想：陈炯明(1878—1933)》，第62页。

② 参见黄一农《两头蛇：明末清初的第一代天主教徒》，上海古籍出版社2006年版，自序、第二章、第十三章。

理性的论证一直存在于知识人阶层，这其中也不乏经欧美民主环境熏陶过的知名人士。1934年，钱端升在《东方杂志》上发表了一篇题为“民主政治乎？极权国家乎？”的文章。在他眼中，中国是一个“一盘散沙、民智落后、能力微弱的民族”，相应地，“中国所需要者也是一个有能力、有理想的独裁”。强国之梦既是超越时代的大目标，亦有当下的急迫性。在此一前提下，宪政民主制度反而在列国竞争的时代中表现出局限性。[①]1937年元旦之夜，胡适教授没有辞旧迎新的喜悦，而是忙着为中国“量布载衣，量米做饭”，一向才思敏捷的他用了三个多小时才完成《新年的几个愿望》一文。一方面，他希望中国能实行宪政，因为“今日最缺乏的是一个维系全国的政治制度”；同时他又希望蒋介石努力做一个“宪政中国”的领袖，一个“不做一点越俎代庖的事”的国家领袖，因为“宪政的精神是情愿造起法律来束缚自己。不但束缚自己不许做恶事，并且束缚自己不许在法定职权之外

① 钱端升为独裁制度辩护的理由既立足于历史，亦有很具体的考虑。为了抗战，“中国急需于最短时期内成一具有相当实力的国家”。但全国工业化不可能在一二十年内完成，首要的目标是达到工业化沿海各省的目的，这就必须“具有极权国家所具有的力量不可”。“而要使国家有这种权力则又非赖深得民心的独裁制度不为功……一切的制度本身是有时代性的。民主政治在五十年前的英国尚为统治阶级视为不经的、危险的思想，但到了1900年以后即保守党亦视为天经及地义。我们中有些人——我自己即是一个——本是受过民主政治极久的熏陶的，这些人对于反民主政治的各种制度自然看了极不顺眼。但如果我们要使中国成为一个强有力的近代国家，我们恐怕也非改变我们的成见不可。”参见钱端升《民主政治乎？极权国家乎？》，《东方杂志》，1934年第31卷第1期，第24—25页；[美]易劳逸：《流产的革命》，第182—184页。

做好事”[1]。

陈炯明、钱端升、胡适等人在宪政一事上有其坚守，同时也有政治性的暧昧迂回，这在某种意义上也是“两头蛇”宿命在知识人乃至军阀之间的延续。

结语

民国初年的宪法问题不能以抽象的思辨来呈现意义，尤其不能忽视军阀这个实实在在的背景。在军阀时代，极端觉悟与极端病态的人其实并不多，斩钉截铁的事物亦不过是例外。革命者多少

① 胡适坦言“民国二十五年是我们中国多灾多难的一年”，不过中国在锻炼中亦迈向团结与统一。他指出国家的向心力和统一性是一种需要长期培养的政治习惯，不能只靠武力来维持。举例而言，中国传统帝国之统一就并非靠驻防军队的力量，而是科举任官等等“文治制度”的力量。内忧与外患使人们养成了一种信任领袖的心理，同时，全国上下又对这种依赖病心生焦虑与疑惑。宪政的实行不仅是颁布宪法，依照条文改换政府机关的名称而已。宪政的成功需要法治习惯的养成，而法治习惯的养成又必须有领袖人物把自己放在宪法之下，而不放在宪法之外。胡适引述中国古典思想来说明法治精神。比如古人说“重为善，若重为暴”，“庖人虽不善庖，尸祝不越俎而代之矣”，这两句话最能写出法治的精神。因此，“要把不轻为善看作和不轻作恶一样重要，那才是法治的精神”。如果蒋介石在宪政之下能用他的地位来做法治中国的领袖，那么中国便可以人人有官可守，有职可尽，然后人人能尽其才，能忠其事。胡适的宪政方案看似简单，实则一剂良方苦药，只是尚待历史与天道成全。参见欧阳哲生编《胡适文集·胡适时论集》，北京大学出版社1998年版，第743—746页。

有点强迫自己，军阀的疯狂也并非全无分寸。冯玉祥主政常德时深得民心；桂系军阀曾为广西赢得“新斯巴达”的声誉；山西的阎锡山使“保守主义”一词在曾国藩、李鸿章之后依然有着特别的意义；陈炯明作为议员曾取得颇有影响的成就；东北王张作霖是个文盲、土匪、赌徒，而日本特务机关却认为日本必须支持他，因为“这不是是否支持一个政党或者一个派别的问题，而是一个将关系到日本帝国生死存亡的问题”，由此可见张的影响力；刘湘等四川军阀所揭示的问题更具有典型意义，即无论是把军阀界定为一种“复苏了的地方主义”，还是黩武主义或地方分裂主义，都表明民国史上最令人费解的巨大失败：“统一的中国却无法处理中央与省之间的关系。”[1]原因很简单，省（地方）无法承担教化功能，尤其是无法代表中央来构建新的文化。

中国的过去是王畿在，朝廷在，诸侯郡守县令亦皆是朝廷。虽偶有藩镇割据，皆因不成款式而失其道义，养兵的军阀亦是这样的骑虎难下。立宪也好，尊王也好，敬仰服从领袖也好，都是为了建立中华民族行动的中心。天下是有道则合，无道则离，问题并不在制度（宪法），而在于创造配得上行动（革命）的言语。这道理就如同《尚书》的重在记言，言行事之理，言天道人事，是历史的不苟且。

---

① 参见［美］薛立敦《冯玉祥的一生》，第103—126页；［加］拉里：《中国政坛上的桂系》，第220—225页；［美］季林：《阎锡山研究——一个美国人笔下的阎锡山》，第323页；［美］谢文孙：《一个军阀的思想与理想：陈炯明（1878—1933）》，第49页；［英］麦科马克：《张作霖在东北》，第64页；［美］柯白：《四川军阀与国民政府》，第6、171页。

宪政补丁沈玄庐——读《血路：革命中国中的沈定一(玄庐)传奇》

萧邦奇(R. Keith Schoppa)的《血路》曾获得1995年美国列文森图书奖，写的却是中国，是宿命，一个当代中国文学中几近缺席的主题。《血路》与沈定一的传奇经历融合在一起，其实是在不经意间接续了《红楼梦》的传统。所不同的是，萧邦奇着力刻画隐藏在制度问题之下的人的命运，强调个体选择对于革命的重要性。革命，用信息时代的语言来讲，内定值(default)是“血路”。如沈定一所说，“革命是一桩越过死线的事”[1]，在军阀时代泼辣刺激的气氛之后，政党政治与革命运动依然埋伏着杀机。沈以“士”的自觉铺陈开革命流程的规模，也见证了宪政失败的宿命结果，却难为时代题名，成了张爱玲笔下的补丁。萧邦奇被学术的眼光禁制住，觅得血路却难为知己。孰为国士？宪政何为？谁人慷慨？这样的问题其实从未困扰中国，只是尚待天道的眼光来成全。

一、萧邦奇的关键词

《血路》试图解释20世纪中国革命的“社会动力机制”问题，沈定一“身份”建构的历史恰好为作者提供了切入点。萧邦奇把革命视为一个“鉴别和确认目标的过程”，并特别强调政治模式、经济力量或意识形态斗争等角度都不能解释这一过程，因为“革命是男人和女人的故事”。萧氏在序言中这样描述《血路》一书的基调：“20世纪中国部分人生悲剧正来自于在具有不确定性结果的革命过程中，坚持以特定不易的身份标签看待他人。沈定一之谜与此身份问题相关，他在革命的20年代的生死际遇昭示了这样一个观点：‘身份是一个过程，也是一个结果，更是一种即时性的产物。’”[2]

---

① 在《留别留俄同志们的一封信》中，沈定一对革命和军人的破坏性力量有着严厉的批判，他说：“革命是一桩越过死线的事，指导大多数人民超越死线，岂是不负责任的儿戏？我们拿铁箝夹断颈项上的锁链，决不是夹断我们自己底颈子，发端稍有差误，很容易使革命本身和建设上蒙极大的害处，这就是军事上的动作了。”《民国日报》副刊《觉悟》，1924年1月1日。

② 萧邦奇：《血路：革命中国中的沈定一（玄庐）传奇》，周武彪译，江苏人民出版社1999年版，第4—5页。

一本书是一个空间，一个旅程，读者必须进入它，在它里面走动并寻找出口。为避免读者迷路，萧邦奇选用三个关键词来透视沈定一与中国革命谜一样的关系。这三个词与时代的气氛无关，却传递着它的色彩、节奏与辛酸的味道。

第一，身份。萧氏对20世纪的中国有着敏锐的感觉，如他所说，在中国寻求新的政治与文化正统的过程中，身份问题始终处于中心地位。个体在革命中的身份不应该定型化为某个名词，而应该被视为一个动词，放在“延续的变迁的过程”中来考察和解释。革命者的日常行动与决策往往偏离意识形态与政治一致，甚至基于多样性动机。在社会变迁的背景下，个体不得不把身份问题与社会、国家、民族及其他人的身份问题联系起来。革命过程产生的压力也强迫个体必须面对自己的身份问题，在某些情况下甚至要重构自己的身份。[①]

第二，社会网络。萧邦奇强调利用那些可以转化为政治资源的社会关系和

① 萧邦奇：《血路：革命中国中的沈定一（玄庐）传奇》，第4—6页。

网络来确认革命成员的地位、身份与信仰、合法性(家族私交、同乡关系、同学关系)等问题。这是一个流动性的过程,“在许多情况下,社会联系和网络将受到革命政治制度的重创甚至毁灭性打击;但相反的情况也同样存在,新的政治制度也会受到旧的社会联系和网络的侵蚀和塑造”。最后,“各求各的师,各制各的敌”的革命者几乎都被划分到军队与政党的网络中。[①]从这个角度来看,革命亦是一张筛查不合格分子的网:

> 民族主义势力,尤其是那种强调通过行动缔造一个现代中国民族的民族主义,已成为(五四之后)另一个日益重要的分水线。尽管通过集体抗议和集会示威也可唤起民族感情,但是行动已日渐被看作民族振兴的最为有力的手段,且已形成明确的目标和系统的步骤:建立政党和军队。为了保证效率,达到预期目的,这两者拒斥任何不合格分子。……缔造一个现代民族国家的努力意味着确定未来国家的国体,冠以这一国家的国号,并赋予其以特定的国家内涵。每一种确定国体和冠以国号的努力都排斥任何其他的可能性。……排斥本身就制造了紧张、仇恨和暴力,因而易于诱发个人复仇的冲动——这种复仇情绪将招致革命过程中的个人悲剧。[②]

萧氏指出,革命中的身份形塑过程经常是外力压迫的结果,同时

① 沈定一:《谁是师? 谁是敌?》,《星期评论》第17期,1919年9月28日。

② 萧邦奇:《血路:革命中国中的沈定一(玄庐)传奇》,第126—127页。

拥有多种身份即使并不必然引起冲突也是十分危险的。在革命目标统一的同时，把多种身份统一起来也成为紧迫的任务。[①]

第三，空间（场域）。萧邦奇用“空间”来解释革命的动力过程和行动者对革命的理解。萧氏认为在革命历史与人物的研究中，不能把主要角色置于无差别、无场所的世界，应该以强有力的背景意识来理解特定的社会和政治网络、结构与动力。[②]他选取上海、杭州及衙前三个明显具有政治意义的区域来为沈定一画像：“在上海，他是革命思想家、记者、共产党、西山会议发言人；在杭州，他是省领导人、党部创建人、工会盟友、国民党清党领导人；在衙前，他则是农民和学生的导师、反地主的地主、进步的改革家。”萧邦奇再三强调的观点是，他并不试图寻求某种一致的历史叙述，相反，他反对“为结构化的现实寻找过去的意义”。李达、茅盾等站在现代优势地位对沈定一和整个20世纪20年代的研究就

在科举考试终结仅仅十年后，“受过良好教育的政治精英正逐渐被军事精英取代”，武力日益成为中国政治生活中的决定性因素。

① 萧邦奇：《血路：革命中国中的沈定一（玄庐）传奇》，第136页。

② 萧邦奇：《血路：革命中国中的沈定一（玄庐）传奇》，第6页。

是一种结构化的历史，这种书写方法忽视了个体选择和偶然事件的影响，因此，既不能解释革命的方向性问题，也不能解释个体塑造革命的过程。[①]

二、笔与枪

在沈定一所处的时代，人们仍然相信“智力文明明显优于臂力文明”，早期民国政治精英文化也十分强调法律和合法程序的重要性。在袁世凯死后的新政治图景中，议会地位有上升之势，对政治及程序问题的关注集中在这样的一种思考方式中：“怎么做”与“做什么”同样重要。[②]沈定一心目中也有文人高而武人劣的观念，如他在《笔与枪》中写道：“世界上只有受笔指挥的枪，没有受枪所指挥的笔。”[③]遗憾的是，在科举考试终结仅仅十年后，“受过良好教育的政治精英正逐渐被军事精英取代”，武力日益成为中国政治生活中的决定性因素。在这一过程中，沈定一的态度与行动也经历了巨大的转变。

1916年9月4日，在浙江省议会复会的开幕式上，督军吕公望仍摆出军事优先的气势率先致词，希望“议会支持行政机构”。杭州议员张亭林当即反驳道：“议会今后必须约束行政机构的权力。”这番话博得了在场议员如雷贯耳般的掌声。[④]这一场景足以显示共和民主思想在当时的声势。身为议员的沈定一也是个“宪政主义者”，但据

---

① 萧邦奇：《血路：革命中国中的沈定一（玄庐）传奇》，第252—254页。

② 萧邦奇：《血路：革命中国中的沈定一（玄庐）传奇》，第15—25页。

③ 沈定一：《笔与枪》，《星期评论》第12期，1919年8月24日。

④ 萧邦奇：《血路：革命中国中的沈定一（玄庐）传奇》，第15—25页。

记载，沈氏曾对军人的遭遇抱有同情之心：

> 兵-兵-枪咧，刺刀咧，脚靴、腰弹、肩章、背袭，何等威风，何等气概——但是人民脑筋里却总积了个“盗”与“匪”的影子。原来兵！也是个人。何苦叫人家害怕他呢？一旦从头到脚，脱却精光，依然是个亲亲热热的弟兄哥儿。[1]

1911—1912年，沈定一还曾出钱出力在上海创建学生军团。[2]但是，1917年初北洋军人杨善德派兵进入浙江后，沈对这种军事干预插手政治的方式非常不满。他主张“浙人治浙”，并在1月5日政治集会演讲中表达了对军人的厌恶：

> 浙江者，我浙江人之浙江也。浙人不能保浙即国人不能保国。况浙江政治冠美全国，

① 沈定一：《随便谈》，《星期评论》第1期，1919年6月8日。

② 萧邦奇：《血路：革命中国中的沈定一（玄庐）传奇》，第36页。

不但浙事为浙人之责，即中国全国亦因由浙江人负责。……北兵一至，良民非良民，必将为淫威所劫，而有铤而走险之虞……[1]

沈定一曾视士兵为旧秩序的罪恶代理人，视政客为依附于军阀的"为虎作伥、趋炎附势"的投机分子。军阀与政客不过是"皇帝的细胞与皇帝的缩影"[2]，要打破"十年不能产国宪一字"的困境，当务之急是寻出一个统一的方法来。首先，破"复古"的迷妄，因为复辟党不能作统一的中心；其次，破"威权"的迷妄，因为军阀不能作统一的中心；再次，破"苟安"的迷妄，因为官僚不能作统一的中心；最后，破"人治"的迷妄，因为伟人、革命党不能作统一的中心。[3]在《前途的灯》一文中，沈定一这样写道：

改革事业不当假手于军人的武力。军人的武力只会摧残不会建设，只会杀人不会生人。世界多少先例！改革成功的军人，转眼就立于被改革的地位。其次，不当假手于政客的手腕，政客的革命是帮闲革命，是投机革命，两颗眈眈的眼珠，只注射将来的"权""利"上……一片患得患失的心理，演成首鼠两端的态度。所以政客的地位，常处于改革者与被改革者的中间。吾们既将军人和政客都撇在改革事业

① 萧邦奇：《血路：革命中国中的沈定一（玄庐）传奇》，第33页。

② 沈定一：《中华民国的基础在哪里》，《星期评论》，1919年10月26日。

③ 沈定一：《〈浙江省平民自治宪法〉说明书》，《民国日报》副刊《觉悟》，1922年2月28日。

之外，改革的目的能达到与否，
就看平民的力量如何。[1]

脆弱的民国有两个艰巨的任务要完成：恢复文官统治和建立代议制政府。在这个过程中，政治精英与军人都要做出激烈的转变和选择。1917年，沈定一还极力阻止杨善德的北洋军入浙，但到了1927年，他却对客军入浙积极表态。如萧邦奇所说："在短短十年间，政治宪政文化及其对法律与程序的强调即被顺应革命而兴起的尚武风尚吸纳和摧毁。"[2]军人作为合法的行动者进入社会领域始于辛亥革命，尽管持续不断地受到怀疑与指责，但知识分子的口诛笔伐并不能移除这些宪政的绊脚石。孙中山与陈炯明建立合作关系的尝试再次表明政治精英要实现其理想必须建立军队。在选择革命道路的过程中，关键的因素往往是一系列的偶然性事件，而不是人们对各种主义、学说的反应。对此，萧邦奇有精彩的论述：

在选择革命道路的过程中，关键的因素往往是一系列的偶然性事件，而不是人们对各种主义、学说的反应。

① 沈定一：《前途的灯》，《星期评论》，1919年8月17日。

② 萧邦奇：《血路：革命中国中的沈定一（玄庐）传奇》，第251页。

> 革命过程不仅仅包括解决中国问题的伟大思想火花，对革命军事路线的采纳以及革命道路上的主要转折点，它也包括日常面临的寻求资金以解决党和个人基本生活需要这样的令人筋疲力尽的问题，包括似乎没完没了的会议和党员登记，包括在网络中和网络间建立联系、巩固友谊等琐碎普通的工作，包括组建党部、办公场地和协会并确保它们正常运转——所有这些又都摆脱不了私怨和急躁，以及不合时宜的疾病、顽固的错误观念、天真的决策和轻易的许诺。除了不多的极富戏剧性的事件——北洋军阀进入浙江、抗租运动、孙中山去世、五卅运动、衙前会议、西山会议、北伐——革命过程的渐进本质则是其更为重要的一面。在这一过程中，后一事件依循前一事件而发生，至于应往哪个方向走，或事态正往哪个方向发展，则似乎毫无准备。[1]

历史与诗歌女神克莱奥(Clio)宿居于细节之处，这是古罗马的智慧，萧邦奇亦是深谙此道的高手。

三、各求各的师，各制各的敌

欲知当年事，只需看当年的文学。老舍在20世纪30年代创作小说《赵子曰》，书中弥漫着一种多少有点难为自己的时代感觉：

---

① 萧邦奇：《血路：革命中国中的沈定一(玄庐)传奇》，第251页。

新社会里有两大势力：军阀与学生。军阀是除了不打外国人，见着谁也值三皮带。学生是除了不打军阀，见着谁也值一手杖。于是这两大势力并进齐驱，叫老百姓们见识一些“新武化主义”。不打外国人的军阀要是不欺侮平民，根本不够当军阀的资格。不打军阀的学生要不打校长教员，也算不了有志气的青年。①

军阀其实是这样的军人：他不比其他军人好，也不比他们坏，就是那么个军人样的军人。因为他的一切都取决于那

军阀其实是这样的军人：他不比其他军人好，也不比他们坏，就是那么个军人样的军人。

① 方德万(Hans J.van de Ven)的研究表明，即使新文化运动坚持反军阀的方向，投身其中的人并不从根本上反对武力本身。在民族主义的目标下，还有一股军国主义和尚武精神的舆论流行着。1916年11月，新文化运动的倡导者刘叔雅曾撰文主张中国采取德国式的军国主义，因为这样能使所有的人都为国家的强大而工作。以沉静著称的周作人也曾在1923年作《还不如军国主义》一文，赞成提倡军国主义，因为“以武力对外解决一切……还是持之有故言之成理”。[美]方德万：《中国的民族主义和战争(1925—1945)》，胡允桓译，生活·读书·新知三联书店2007年版，第79—83页；刘叔雅：《欧洲战事与青年觉悟》，《新青年》，第2卷第2期(1916年10月1日)，第1—8页；《军国主义》，《新青年》，第2卷第3期(1916年11月1日)，第5—8页；陈子善、张铁荣编：《周作人集外文》(上集)，海南国际新闻出版中心1995年版，第510页；老舍：《赵子曰》，《老舍小说全集》(第一卷)，长江文艺出版社2004年版，第274页。

个时代，就像沙漠里永远也长不出牡丹来。在排满的民族主义革命中，涌现出以政界、军界、商界这样的新词语标识的阶层（萧邦奇称之为“亚文化圈”），其特点是易于识别，但组织松散，在公共事务中更难达成共识。在清末，政界（绅、商、学界）和军界之间因革命而联合，而在之后的共和政治试验中，由于缺乏政治合法性资源的一致协议，各职业群体展开了公开的对抗，拥有实力的军界明显占有优势。[①]这种局面改变了中国人的生活，尤其是对年轻人冲击最大。鲁迅笔下的厌世者魏连殳就颇具代表性。为了谋求成功，他放弃自己的信念而从军。后来，这个“就是胡闹，不想办一点正经事”的厌世者暴病而亡，躺在“不妥帖”的衣冠中。鲁迅对魏连殳“最后的戎装”是这样描写的：

> 一条土黄的军裤穿上了，嵌着很宽的红条，其次穿上去的是军衣，金闪闪的肩章，也不知道是什么品级，那里来的品级。到入棺，是连殳很不妥帖地躺着，脚边放一双黄皮鞋，腰边放一柄纸糊的指挥刀，骨瘦如柴的灰黑的脸旁，是一顶金边的军帽。（鲁迅：《孤独者》）

军装是权势、地位和个人荣耀的象征，权力的象征有时如同权力本身一样使军人着魔。鲁迅对这一意象的着力刻画突显出文人对尚武文化的轻视，而沈从文则在自己的从军经历中找到了某种“有朝气的、无政府主义的思想”。[②]虽然对当兵这个行当多有讽刺，但沈从文

① 萧邦奇：《血路：革命中国中的沈定一（玄庐）传奇》，第15页。

② [美]金介甫：《沈从文传》，符家钦译，国际文化出版公司2005年版，第50页。

笔下的军人生活充满了“乡下人”的健康快乐。[1]他在《我的教育》中说：“我们的快乐是没有人能用法律取缔的，一直唱歌进到营里，就仿佛从什么远的地方打了胜仗归来。”[2]在《入伍后》一文中，沈从文把社会的敌人界定为“在不合理社会制度下养成的一切权威”，社会崩溃是掌权者的责任，祸首在于政客。当兵虽然是士大夫所不齿的一条路，却是“我们这类人从梦中找不到满足复仇的一条大路！”在这篇作于1926年的文章中，沈从文直截了当地表达了对绅士的厌恶之情：

---

① 在“汉族”被视为国家“中国”形成某种默契前提的社会中，沈从文常常以“乡下人”自居，以此来表明区别于汉民族和都市文明的身份与视野。沟口雄三指出，中国知识分子把视点移至农民内部的做法是由鲁迅首开先河的，之后开始了知识分子与农民同化的过程。老舍的《骆驼祥子》为这种视角塑造了祥子这样的劳工阶层代言人，沈定一也曾发出“可厌的都市”的呼声。从中国历史的这一推移过程来看，革命与立宪政治确实是在城市中失败了，至少在知识分子看来是如此。1927年国共分裂后，中国共产党人走向农村，开始发动农民建立革命根据地，推翻旧秩序的工作取代了寻求立宪政治的努力。参见[美]金介甫《沈从文传》，符家钦译，国际文化出版社公司2006年版，第287—289页；[日]沟口雄三：《中国前近代思想的演变》，索介然、龚颖译，中华书局2005年版，第437—438页；[加]陈志让：《军绅政权——近代中国的军阀时期》，生活·读书·新知三联书店1980年版，第148页；[日]今泉秀人：《“乡下人”究竟指什么：沈从文和民族意识》，《中国现代文学研究丛刊》，1992年第3期，第238—248页；沈定一：《训练社会革命的“都市”》，《民国日报》副刊《觉悟》，1920年9月22、23、24、26日。

② 沈从文：《我的教育》，《沈从文文集》（第三卷），花城出版社1992年版，第136—137页。

一切的站到幸运上的人，周围的事实是已把他们思想铸定成为了那样怯懦与自私，他们哪能知道一个年青的人在正好接受智慧的时候为生活压下而继续死去是普遍的事实？他们哪能知道他自己以外的还有生活的苦战？那类口诵着陈旧的格言说是“好男不当兵”的圆脸凸肚绅士们，我是常常梦到我正穿起灰衣在大街上见一个就是一个耳刮的。[①]

从常识的角度来看，不仅绅士对军人另眼相看，大多数中国人都厌恶且惧怕军人。在《女难》一文中，沈从文的一段描写表明他对自己“兵”的身份有些心有不甘：

我那时总十分害羞，赶忙把脸对准雉堞缺口向外望去。好让这些人从我身后走过，心里却又对身上的灰布军衣有点抱歉。我以为我是读书人，不应当被人厌恶。可是我有什么方法使不认识我的人，也给我一份应有的尊敬，我想起那两册厚厚的《辞源》，想起三个人共同订的那一份《申报》，还想起《秋水轩尺牍》。[②]

在军阀时期，反对军-绅政权的力量主要是工人、青年与妇女，他们的代言人是城市里的学者、教授、报人、作家等。这些人或多或少

① 沈从文：《入伍后》，《沈从文文集》（第二卷），花城出版社1992年版，第17—18页。

② 沈从文：《女难》，《沈从文文集》（第九卷），花城出版社1992年版，第177页。

地都想建立新秩序，但又没有一个圆满的方案。其中的一部分人成为文化上的自由主义者，主张一点一滴地改造中国。如老舍笔下的“曹先生”，过着谨小慎微的书斋生活，对政治生活并没有高深的见解，唯一的优点以远离伪善的名义远离公共生活：

> 曹先生并不怎么高明。他只是个有时候教点书，有时候也作些别的事的一个中等人物。……在政治上，艺术上，他都并没有高深的见解；不过他有一点好处：他所信仰的一点点，都能在生活中的小事上实行出来。……因此，在小的事情上他都很注意，仿佛是说只要把小小的家庭整理得美好，那么社会怎样满可以随便。这有时使他自愧，有时也使他自喜，似乎看得明明白白，他的家庭是沙漠中的一个小绿洲，只能供给来到此地的一些清水与

鲁迅代表着五四以来的激进思潮，也重新确立了“西方”这个标准。

食物，没有更大的意义。[1]

最坚决地主张改革的文人是鲁迅，他的影响也是巨大的。他认为中国的一切都要重新建立，这就要改革，要革命，要战斗。这不可避免地要赋予笔墨力量，文艺于是在他那里获得了革命的高度。[2]鲁迅担心的是中国“国粹”太多，变成“不长进的民族”：

> 试看中国社会里，吃人，劫掠，残杀，人身买卖，生殖器崇拜，灵学，一夫多妻，凡有所谓国粹，没一件不与蛮人的文化(?)恰合。拖大辫，吸鸦片，也正与土人的奇形怪状的编发及吃印度麻一样。至于缠足，更要算在土人的装饰法中，第一等的新发明了。[3]

中国人“要从‘世界人’中挤出”，必须医治思想上的病，而这药早为西方发明，就是“科学”一味。[4]鲁迅代表着五四以来的激进思潮，也重新确立了“西方”这个标准。他的文字是从一种智慧的高度写下的，不过在沈从文看来却是误用了自己的天才，不能为中国提供“有

① 老舍：《骆驼祥子》，《老舍选集》（第一卷），四川人民出版社1982年版，第64—65页。

② 鲁迅：《文艺与革命》，《语丝》，第四卷第六期，1928年4月4日。

③ 鲁迅：《随感录四十二》，载《新青年》第六卷第一期，1919年1月15日。

④ 鲁迅：《随感录三十六》，载《新青年》第五卷第五期，1919年11月15日。

秩序的理论”。[1]对传统、军阀、敌人的批判确实是鲁迅作品中的一个主题，也是军阀时期诸多文人选择的一种姿态。[2]同样例子还有巴金和周作人。前者在从无政府主义中抽身而退，以行动实现信仰的念头尽失，“在稿纸和书本上消磨生命”；[3]后者也采取闭户读书的方式，拒谈

① 沈从文对待鲁迅的态度很独特，在《新的文学运动与新的文学观》（1941年）和《学鲁迅》（1947年）中，他高度评价鲁迅对中国新文学创作的贡献。不过在《记丁玲》中，他又非常委婉地表达了对鲁迅的惋惜之情：“也有身不服老而又鲠直倔强的，带着游侠者的感情，在为弱小的事业与孤单的理想力主正义，则依然仿佛本身站在最前线上，作为人类光明的火炬，但自己在得失打算中既厌于执笔，不能写点自以为合乎理想的理想作品，也不能用什么有秩序的理论，说明所谓中国的纪念碑似的作品，是什么形式，需什么内容，在某种方法上某种希望里可以产生。只时时刻刻作着负隅自固的神情，向近在身边受了威胁的小小一点，加以猛毒的一搏，却忘了大处远处自己所能作所应作的事情。”沈从文：《记丁玲》，岳麓书社1992年版，第141—142页；［美］金介甫：《沈从文传》，第115—116页。

② 日本学者对“无政府主义者”巴金的研究表明，军阀时期的许多作家不得已而采取了“为批判而批判”的姿态，这一姿态表明社会对思想的高压与排斥：“任何思想在实践运动中寻找自身现实化的途径时，其参与者都往往通过‘批判’的形式主张自己站在战线前卫的新颖及纯粹性、正统性。尤其是当这种思想已为社会环境排斥并无实践可能时，这种强迫性的自负心便可能转化为‘为批判的批判’，这毋宁说是信仰者不得不选择的一种姿态。”［日］山口守、坂井洋史：《巴金的世界》，东方出版社1996年版，第217页。

③ 巴金一直以一个中国的无政府主义者（旧译安那其主义，Anarchism）自居，甚至主张以暗杀与恐怖主义手段变革社会。但到了20世纪30年代，巴金退出这一阵营，留学法国，开始“思想亡命”。他在1936年写道：“虽然我自己很喜欢被称为安那其主义者，我到现在还相信那主义……但其实我已经失掉了这个资格，我这几年来离开了实际运动的阵营，把自己关在坟墓一般的房间里，在稿纸和书本上消磨生命。”巴金：《答徐懋庸并谈西班牙的联合阵线》，《作家》第一卷第六期，1936年9月；《巴金的世界》，第227页。

政治，尽显“疲劳的颜色”。[1]对过去的怀疑、对未来的焦躁成为文学的一种姿态，这种态度与军阀所代表的保存旧秩序的想法格格不入。鲁迅甚至把不骂军阀的文人（无枪阶级）比作拿着软刀子杀人的妖魔。[2]于是，中国一部分受过教育的知识分子变成另一部分受过教育的人的死敌。[3]要理解这种敌对状态还要从时代的气氛说起。

一个时代有一个时代的气氛，民国之初的气氛是怎样的呢？等待，完全是等待，如《圣经·士师记》结尾所说的以色列：“那时没有王，各人任意而行。”1912年，45岁的章太炎在《自编年谱》中这样写道：“孙公（孙中山）于太阳历一月一日就职。……政府号令，不出百里，孙公日骑马上清凉山耳。”[4]这一奇特的描述暗示着当时的政治格局：

---

① 周作人在1925年写道：“照中国现在的情形看来，似乎也有非讲国家主义不可之势，但这件铁甲即使穿上也是出于迫不得已，不能就作为大褂子穿，而且得到机会还要随即脱下，叠起，收好。”到了1928年周作人便为自己设计了一种安静的活法：“趁现在不甚适宜于说话做事的时候，关起门来努力读书，翻开故纸，与活人对照，死书就变成活书，可以得道，可以养生，岂不懿欤？”鲁迅曾以《语丝》的格调问题间接地表达了对周作人的看法：“《语丝》虽总想有反抗精神，而时时有疲劳的颜色，大约因为看得中国的内情太清楚，所以不免有些失望之故罢。由此可知见事太明，做事即失其勇，庄子所谓‘察见渊鱼者不祥’，盖不独谓将为众所忌，且于自己的前进亦有碍也。”周作人被英国学者David E. Pollard界定为“一位退避的学者”，做了政治的逃兵，以迷恋士大夫趣味为消遣。参见周作人《日本的人情美》，钟叔河编：《周作人文类编·日本管窥》，湖南文艺出版社1998年版，第10—12页；《闭户读书论》，钟叔河编：《周作人文类编·中国气味》，湖南文艺出版社1998年版，第679—681页；《两地书》，1931年3月31日鲁迅给许广平的信；David E. Pollard：《周作人——一位退避的学者》，郭小秋译，载傅乐诗等著：《近代中国思想人物论：保守主义》，时报文化出版事业有限公司1981年版，第424页。

② 鲁迅：《〈坟〉的题记》，载《语丝》第106期，1926年11月20日。

③ [加]陈志让：《军绅政权——近代中国的军阀时期》，第135页。

④ 《民国章太炎先生炳麟自订年谱》，台湾商务印书馆1980年版，第17页。

革命阵营的政治影响力几乎完全被另一种权力优势压倒。当时舆论的导向是“假手袁氏（袁世凯），势自然矣”，而孙中山、黄兴则成为“既不能令又不受命”的气短英雄，成为不合时宜的革命领袖。这时，一个温和的自由主义者迎来了属于他的时代，这位被章太炎称为“共和少年”的政治家便是宋教仁。他所主张的社会革命理论被认为是一种战略上的迂回，他的独特风格和影响力为当时剑拔弩张的格局提供了一个缓冲地带：政党政治。[①]宋教仁“收集小党数区，合为国民党”，试图在军事力量为主导的民初政局中释放出精英阶层的政治能量。[②]与此同时，梁启超等所谓研究系学人组织了共和党，1913年，“清室所遗君宪党人”也自立为进步党，形成三党竞争之势，一时植党之风盛行。梁启超在《莅共和党欢迎会演说辞》中对这种风气作出了很恰切的解释，他说：“共和党乃集稳

持续不断的尚武观念赋予各式各样的宪政尝试一种不寻常的一致性：如果中国有议会，也是武备学堂和军队的类型。

① ［美］普莱斯(Don C.Price)：《革命与宪法：宋教仁政治策略的发展》，中国社会科学院近代史研究所编：《纪念辛亥革命七十周年学术讨论会论文集》(下)，第2627页。

② K. S. Liew, *Struggle for Democracy: Sung Chiao-Jen and the 1911 Chinese Revolution*, University of California Press, 1971, p160.

健分子，舍破坏而图建设，党基既建立，渐引国人入政治轨道，使寡人专制之现象，无一发生。”[1]这是怎样的一种局面呢？用章太炎的话来说就是“调剂敷衍，相忍为国”，是为共和。[2]持续不断的尚武观念赋予各式各样的宪政尝试一种不寻常的一致性：如果中国有议会，也是武备学堂和军队的类型。虽然如此，制宪问题仍是共和民国最开阔明朗的一条出路。

四、制宪问题

民国初年的政权合法性问题只是在军事层面上有初步的解决，宪法体制则由于参与者的派系斗争而耗尽了自身的活力。段祺瑞、吴佩孚等大军阀虽然在大部分地区建立起军事控制权，但并未形成统一的政治制度和文官体制。如谢里登(James E. Sheridan)所说：“北京军阀政治斗争这段可悲的记载表明，1928年以前的立宪政府的失败不应当理解为有效政体的衰落，而应当理解为从来没有能力

---

① 梁启超：《莅共和党欢迎会演说辞》，1912年10月20日，《饮冰室文集·卷二十九》。

② 美国学者杨格(Ernest P. Young)用更为学术化的语言描画出了这种不安定感：中央政府为了扭转局面不得不走向集权之路。这一过程必然导致权力核心与新制度之间的冲突、官僚阶层与精英分子之间的矛盾以及北京政府与地方自治势力的矛盾。……因此，改革成功有一个假设必须成立：国家权力的集中与精英分子政治参与程度的大幅提高本质上兼容。然而，这一假设毫无疑问是不成立的。在1912年时，省已经成为改革力量集结和反集权运动者施展抱负的新中心。于是，集权与自由体制的冲突就和北京政府与各省之间的冲突交汇在一起。参见Ernest P. Young，*The presidency of Yuan Shih－k'ai: Liberalism and Dictatorship in Early Republican China*，The University of Michigan Press，Ann Arbor，1997，pp. 80—85；汤志钧编：《章太炎年谱长编》(上)，中华书局1979年版，第370—372页。

建立这样的政府。……军阀们的弱点不在于他们谋求权力，而在于他们对权力是什么构成的眼界很窄，因而不能扩大其非军事的方面。”[①]在此意义上，民国比被它取代的旧王朝更加脆弱，军阀主义是这种脆弱性最明显的标志。[②]

脆弱的民国除了拥有一个“共和制”的名号，还有两个特殊的群体：知识分子与军阀，以及三个暴力活动中心：北京、上海和广州。一个不容忽视的现象是，知识分子还是拥有高人一等的地位。对文人尊重和对武人的轻视是许多军阀所共有的态度。在军阀时期，没有军阀敢于包围大学校园，军阀对文官（尤其是受过传统教育的学者）的依赖也是显而易见的，如黎元洪靠饶汉祥，吴佩孚靠张其

① [美]费正清主编：《剑桥中华民国史》（上），中国社会科学出版社1993年版，第352页。

② [美]麦科德：《军阀主义处于穷途之境：民初文人政治取代军事统治》，《国外中国近代史研究》第27辑，第35页。

锽、白坚武，张作霖靠王永江。[①]被称为军阀之辈大都受过各种不同思想(包括迷信)的影响，其中最主要的还是儒家思想。于是，用儒家观点来贬褒敌友几乎成了军阀的一项特质(至少是他们公开言论中的一项特质)。

对嗜好的忠诚极易赢得尊重，对旧制度的迷恋则明显不合时宜，这是个常识。不过，常识未必都具有解释力，如纳博科夫所说，“常识不过是被公共化了的意念，任何事情被它触及都会舒舒服服地贬值”[②]。陈志让把军阀卫道的原因归结为“政治与道德”观念的缺失。军阀通常对新的政治思潮不了解，除了以陈旧的儒家观点来判断政策或行为的好坏外，很难接受制度上的约束。“对他们来说，儒家教条是合法的唯一尺度，而合法就意味着受人尊敬，趋附他们的人所做之事就是合法的或受人尊敬的，而反对他们的人其所作所为就是非法的或令人鄙视的。”[③]这正是1913年、1916年、1920年、1922年及1924年各次战争及张勋复辟事件中交战双方所持的立场。不过，陈炯明的一生则从另外的角度回答了上述问题：儒家的礼乐文化比宪法更

---

① [加]陈志让：《中国军阀派系诠释》，载张玉法主编：《中国现代史论集第五辑(军阀政治)》，联经出版事业公司1987年版，第11页；[英]加文·麦柯马克：《张作霖在东北》，毕万闻译，吉林文史出版社1988年版，第四章；赵恒惕编：《吴佩孚先生集》，台北：文海出版社1971年版，第251页；[美]谢文孙：《一个军阀的思想与理想：陈炯明(1878—1933)》，载《国外中国近代史研究》第9辑，第79页；[日]波多野善大：《民国军阀的形成过程》，《承德师专学报》(社会科学版)，1991年第2期，第55页；[美]史景迁：《天安门：知识分子与中国革命》，尹庆军等译，中央编译出版社1998年版，第177—179页。

② [美]纳博科夫：《文学艺术与常识》，《文学讲稿》，上海三联书店2005年版，第329页。

③ [加]陈志让：《中国军阀派系诠释》，第15页。

能反映士(甚至军阀)的需求与理想,[①]宪法是比较级的,而礼则意味着唯一级。礼隐含着制度决定一切的意思,而更为重要的是解决了权力的品质问题。与天道、王道相比,变法、改制、宪政不过是小

① 对传统儒家观念的执着在吴佩孚身上表现得非常明显。1914年,吴佩孚奉袁世凯之命与袁的日本顾问讨论宪法中关于国防的条文,他认为:"因为宪法草案是现存外国宪法的翻译品,并不适合于中国国情,而且因为与他争论每一点,将意谓冒违抗长官的危险,我采取缄默的上策。"在1924年失败以后,日本领事吉田建议吴与前直系军阀领袖段祺瑞合作,以稳定北方的形势。吴表示拒绝,他说:"各国之历史与民性各异,故关于国家观念,亦彼此不同。欧美各国之建设,大抵不逾二百年之岁月,其能达千年之久者殊鲜。独我中国为有四千余年历史之邦,千古不磨之不成文宪章,即孝悌忠信礼义廉耻之八德也。八德张则国宪立而国远威,苟坏其一,则无收拾人心准绳,余若从贵领事之言,为一时权宜之计,结段以背曹,大义名分之谓何!且臣节由此而坏,何得任国家之重寄乎?世人往往见中国共和政体之成立而以为君臣之义已灭,照余所见,则有异于是。"由此可见,吴佩孚对于宪法并非真心信服。吴佩孚对于君臣之义的理解还可以由下面的一段对谈而可见一斑:1924年9月17日,吴奉曹锟之命由洛阳入京,准备征讨张作霖。日本帝国大学教授市村瓒次郎慕名拜访,他对吴提出一个很中国式的问题:民国建立十余年,最大的问题是共和国的五伦缺一而只余四伦,即无君无忠,所以,"想为收拾人心至难"。吴佩孚回答说:四伦之说并不成立,因为依中国之"古道",共和之新精神是用"长幼之序"来代替"君臣之义",即"怀敬老尊贤之观念以敷教于天下,则君臣之义以行,而不伤及父老政治之本义"。"一乡有长老则一乡安,一省有长老则一省治","贱货贵才,敬老尊贤"是中国千古不变的美善风俗,以此为基础的父老政治是中国"千古不磨之不成文宪章"。在吴佩孚的观念中,与其说宪法之道是遵循西方的法治传统,不如说是延续中国礼乐治法与文章经国之道。参见[加]陈志让《现代中国寻求政治模式的历史背景》,载张玉法主编:《中国现代史论集第一辑(总论)》,联经出版事业公司1987年版,第286页;[加]陈志让:《中国军阀派系诠释》,载张玉法主编:《中国现代史论集第五辑(军阀政治)》,联经出版事业公司1987年版,第13—15页;赵恒惕编:《吴佩孚先生集》,台北:文海出版社1971年版,第279—283页。

道，为与不为都只在一念之间。宪法只是社会的规则，而礼则是人世的庄严美好，是天下文明的条理。如秦始皇东游，封泰山，禅梁父，李斯为文刻石，言四海之内，日月所照，罔不宾服，男耕女织，无有奸慝，制度号令，莫不如画。礼者，天下之大防，合该如诗如画，如好书画的笔笔干净，没有溢墨。宪法是政制的标准，而礼则是一种天道的眼光，甚至是一种慷慨。[①]《说文》中说慷慨是“壮士不得志于心”，如刘邦的“慷慨伤怀，泣数行下”，曹操的“慨当以慷，忧思难忘”，其实是对天下怀着无名的大志，而这是人们在任何一部Constitution文本中都找寻不到的特质。

其实，士与军阀往往是在不自觉处更能吸引我们去思考。从当时的情形来看，把制宪问题当作机会的军阀也大有人在，最典型的例

① 汉语中的慷慨有着多重含义，如大度、大方、豪爽、情绪激昂等，而最有意味的一种解释是士对于天道无常，大志待酬的感叹。《史记·高祖本纪》说刘邦打得天下后回到老家，与故人父老子弟纵酒高歌，“大风起兮云飞扬，威加海内兮归故乡，安得猛士兮守四方！令儿皆和习之。高祖乃起舞，慷慨伤怀，泣数行下”。《三国演义》第四十八回写曹操率百万雄师南征孙权，于明月皎洁之夜在江上置酒，欢宴众将。酒酣，横槊赋诗而作《短歌行》，于是有“慨当以慷，忧思难忘”之文传于后世。美国学者浦安迪（Andrew H.Plaks）认为慷慨一词是个“难以捉摸的概念”，表现在曹操身上的是某种空虚与厌世情绪，表现于《三国演义》一书则是“义士气概的局限”。浦安迪虽然精通汉语，却还是没能领会到“士”的资格与礼乐中国的关系。推而广之，凯撒、拿破仑、华盛顿、林肯、杰斐逊、汉密尔顿等人恐怕都不知慷慨为何物。沈玄庐的一生是趟着革命的血路前行，屡屡处于恐怖而幽深的险境，他的文章与诗歌常常沉浸在恶梦的想象中。然而这悲剧般的境遇却没有淹没士的慷慨，他在1920年写道：“凡是悲剧，都要当作乌托邦的背面，不该当作灰心厌世的导旌。话虽如此，我也爱作慷慨激昂的东西，不过把一般人当作可以灰心的记载，戏剧，诗歌，我总看作成理想世界的历史。”士何以慷慨？唯有江山入梦。参见[美]浦安迪《明代小说四大奇书》，沈亨寿译，生活·读书·新知三联书店2006年版，第五章；沈定一：《答无名》，《民国日报》副刊《觉悟》，1920年2月12日。

子是在广东支持联省自治运动的陈炯明。陈氏是一个拥有传统功名的革命者，曾促成广东宪法草案的制定，被当时评论者称为最优省宪。与其他军阀一样，陈炯明也有着统一中国、澄清中原的雄心。但他显然很有自知之明，不像孙中山那样妄图征服所有军阀，他所信奉的是一个折中的军阀式共和方案：

> 暂用小军阀之集合，以推倒大军阀之酿乱。能一次摧陷而廓清之，根本解决也。不能则先打破大军阀创建联省制，钳制大军阀之不能再生。安插小军阀之鬼有所归。以此收束，暂作统一，名曰“假联治”，此亦不得已而思其次之办法也。惟假联治之下，得一和平机会。自可从事裁兵，清理内外债。一面以党之进行，带领老百姓组织团体，储养自治自卫之能力，再起而与小军阀算账，收回民治之权，使小军阀不得不归于国防地位，真联治乃

可实现，真共和始告成功。[①]

这种观点的巧妙之处在于既解决了自身权力的合法性问题，[②]又能减少流血和增进广东乃至全国人民的福利。陈炯明曾对自己的军阀身份有这样的表述："吾虽厌兵，但必须掌握军队，方能推动文化事业。"[③]陈的行动也向世人展示了一个传统的"仁君"的形象。他在广东积极兴办教育事业，对持不同政见学说的知识分子亦坚用"礼贤下士"的原则多加回护；在军中使用"井田旗"来表达传统理想；在征服广西的文告中，陈坚嘱引用《汉书》中赞扬开国元勋韩信功绩的词语；在统治广东的几年中，陈始终不敢挑战绅士阶层的利益，他曾对彭湃说："我是怕他们的，你要知道，现在的新社会是绅社会，不是新社会，是万分难做的。"[④]从这些细节中不难看出陈氏思想的基本倾向依然

① [美]谢文孙：《一个军阀的思想与理想：陈炯明(1878—1933)》，载《国外中国近代史研究》第9辑，第64—65页。

② 军阀支持联省自治策略也是为了把乡绅牢牢控制在自己手中，同时，还可以使地方从北洋军阀手中获得独立。对于像陈渠珍这样的地方小军阀而言，诸如"湘西自治"之类的方案也有利于他能不受省级军阀的管辖。文人支持"自治制宪"的策略是为了走出第三条道路，"地盘宪法""一部分人的自治宪法""革命宪法"，无论哪一条道路都是为了与军阀对抗。参见《沈从文传》，第54—55页；沈定一：《制宪问题》，《民国日报》副刊《觉悟》，1921年8月22日。

③ 莫纪彭：《对陈炯明与其他人的回忆》，第30页，转引自《一个军阀的思想与理想：陈炯明(1878—1933)》，第77页。

④ [美]谢文孙：《一个军阀的思想与理想：陈炯明(1878—1933)》，第78页。

是传统的儒家学说，尽管他曾不同程度地接受各种新思想。[1]陈氏的所作所为也向我们证实了谢文孙的判断，即他的经历不能被单纯地看作机会主义者为权力而奋斗的过程。陈炯明之所以与众不同，并非源于他为时代准确无误地表现了思想与信仰的基调，而是因为他象征性地代表了传统中国中一部分活跃而有教养的改革者重建中国的努力。[2]爱默生在1844年对新英格兰改革家的称颂同样适用于陈炯明：

"宪政"在当时已经成为这样一种概念，即将中国与西方、传统与当下改头换面，转换成"先进"与"落后"或者"文明"与"野蛮"这种普遍的、易于被识别的对立概念时的媒介概念。

> 改革史上的每一个方案，只要是一个人的天才与性格使然，无论多么激烈，多么惊人，都是美好的，一旦是照搬别人，就显得索然寡味，令人怀

① 对于民国时期流行的国家主义学说，陈炯明并不赞同。在《闽星报》发刊词中，陈谴责国家主义是政治野心家欺世诬民的骗术。即使一国以国家主义为手段达到富强，百姓却还要为政客们所控制而不自由。他借用克鲁泡特金的无政府主义观点，主张以互助和博爱的精神代替国家主义。虽然年青时以"竞存"为表字，但陈炯明的看法却与达尔文大相径庭，他认为生存竞争是一种道德欠缺的状态。很显然，这是因为儒家和谐观念的影响。参见[美]谢文孙《一个军阀的思想与理想：陈炯明（1878—1933）》，第53—54页；陈炯明：《〈闽星〉发刊词》，段云章、倪俊明编：《陈炯明集》（上），中山大学出版社1998年版，第402—406页。

② [美]谢文孙：《一个军阀的思想与理想：陈炯明（1878—1933）》，第62页。

疑。……留在该体制内而又胜该体制一筹，再拿出最佳的表现，要比用没有全面的复兴作后盾的单打一的改良措施去攻击邪恶更合适。[①]

沈定一在浙江经历了宪政的种种曲折艰辛，直至抽身而退，重回革命阵营。1921年，浙江督军卢永祥（皖系）为了抵制直系军阀的武力统一而发起了省宪自治运动。在三年时间里，浙江制订了《九九省宪》等100部宪法，列名参与者15000余人，最后分发各县进行全民公决，结果却是不了了之。对于制宪问题，沈定一有着清醒的认识，他把当时的制宪区分为三条道路，并强调三者间绝不能互相冒充。第一种是在联省自治背景下出现的所谓“地盘宪法”，其目的是“不愿为北京政府所吸收，保全自己的地位”。第二种是“一部分人的自治宪法”，即辛亥革命后产生的未竣工的民宪政治，因与第四阶级的劳工及一般妇女不相干，故只是一部分人的德谟克拉西底下的“空招牌”。第三种叫做“革命宪法”，是将来浙江破坏一切制度后的建设大纲。沈定一对于制宪问题的关注在如下的表达中可见一斑：“制宪问题是一个开着门引我们进去努力的机会……政治的中心是什么？便是法律。法律既是群治的中心，所以制宪法是我们个个应注意的。”[②]而他没有注意到的问题是，“宪政”在当时已经成为这样一种概念，即将中国与西方、传统与当下改头换面，转换成“先进”与“落后”或者“文明”与“野蛮”这种普遍的、易于被识别的对立概念时的媒介概

① ［美］吉欧·波尔泰编：《爱默生集：论文与讲演录》，赵一凡等译，生活·读书·新知三联书店1993年版，第651—656页。

② 沈定一：《制宪问题》，《民国日报》副刊《觉悟》，1921年8月22日。

念。宪政其实是为士的宏道济世提供了一个舞台，在这里，宪法有时是价值的躯壳，有时是富强的路径，有时又是虚拟的言说，但都显得太过单薄，经不起士的打捞保存。这道理还是阿城说得透，辣椒是越吃越辣，辣变成了意义，而辣椒本身反而不重要了。鉴赏家的眼光是藏着买椟还珠的聪明，偶然展露，便可以是一片智慧的刀光。但得有一天江山仍旧入梦，中国迟早会醒过神来。

五、十年相士而不可睹

民国的事，不是一个所谓中心思想或一个道德观念可以包容的，理论更是只能说给无信的人，与对囚人说理无异。政治的现状、经济的现状不过是革命的条件，而革命的底子却必须是文艺复兴，复兴饱满的人文精神。《孟子》说："霸者之民，欢虞如也。王者之民，皞皞如也。"言下之意，仁者无敌，以至于民间积蓄了欢喜之气。身处莫可名状的民国世界，沈定一是高来高去，一派天真，但并非纯净无火气。他是浙江省议会的议长，却自嘲不过是“强盗阶级所组织的代议制度机关里面的一员”；他身为地主，却领导了衙前农民运动；作为西山会议派的领导人之一，却呼吁追随者拼死夺权。令人不解的是，这位被孙中山称为“浙江省最有天赋之人”却在1922年写下这样的诗句：“与其做一个不生不死半生半死一年无事的闲人，正不如做一个整年寻死没路的忙人。”（《死》）人是从生活的不可忍受中才懂得制度的不可忍受。生在一个急于要求完成的时代里，沈定一是有个时代的大疑，想要去抓住它。不过，作为革命者的沈定一，其实多少有点强迫自己，以至于革命亦不能使他归于人的生活。禅宗有句话叫做“至道无难，唯嫌拣择”，是告诫世人不要生出分别心来。沈定一的一生实伤于太实太密，又常常困惑于《老子》的“身与货孰亲”之问。他是不晓得打江山亦只是闲情逸致，如共产党人应修人的诗句“脚步儿轻轻慢慢，捉住你这背刀的小蟹儿”①，是有着足以振动天下的时代的朝气。

《老子》说“天地不仁”，故只接引强者，其实“不仁”就是不思考。与天道无常相比，“尚德不尚力”的人世才有其庄严。这份庄严是曾经让孔子亦震动回味以至忘神失语的。《论语》中有这样的一则：“南宫适问于孔子曰：羿善射，奡荡舟，俱不得其死然。禹稷躬稼而有天下。”当下孔子听了，竟然只顾寻味，忘了回答，要等到南宫适出去了，孔子才清醒过来，感叹赞美道：“君子哉若人！尚德哉若人！”1923年，

---

① 应修人的另一首诗有着同样的新鲜与喜气：“笑问兰花何处生，兰花生处路难行。争向襟发抽花朵，泥手赠来别有情。”这是背负五千年历史的青年写出的文明之累，却如此的有余裕闲情，以至于读后使人悲，使人惧。兰花好比是圣贤之学、革命之志，能微笑着泥手赠与志于学者，而后便汇成王者之师了。应修人：“初游草佳村”，“游鄮隩问山儿女”，《修人集》，浙江人民出版社1981年版，第6、74—75页。

沈定一发表《凭我，你们只依我来》一文，固执地强调自己的革命立场。他在文中写道："记得清末锡良问我：'怎样？才是革命党？'我说：'实事求是，就是革命党'。不安于旧制度生活的，有志改造社会的，无论站在哪种地位，都有眼前可实行的事实……各个人就实行事业上修养成独来独往的气质，到汇合时，自然成为至坚无隙的团体，自然有个如日中天的主义。"在他看来，脱离实际的革命者与当不了家的皇帝、军阀、资本家无异。对于中国人在思想上的无主见，沈定一这样评论道："我们中国只想躲懒，贪便宜，趁现成抄袭别个国族的文章，译作本国的文字，自欺地认为自己底作品吗？难道这个牝狮般的母亲，独在中国不会生中国的狮子吗？也许还未曾受孕。"[①]这意思好像是嘲讽国人缺乏男子气，偶有颓丧，就跑到热闹处去张望西方。如此意气的言语并非只是他不羁性格的表现，而是隐含着一个"士"的资格的大问题。

士是人世间的贵人。中国的礼乐文

辛亥革命时已见士的觉醒，而五四反要取消士，以为用科学可以来应对自然界，用民主就可以代替士。讲民主其实是断绝了知性，令士的知性与德性无法融入民间，遂成为乖张之学。

① 沈定一：《凭我，你们只依我来》，《责任》，第13期，1923年3月5日。

章，向来唯以士能做，不是士与王官（太史）就没资格议论政事。孔子作《春秋》时就很注意自己有没有这个资格。这道理就如同马克思讲文学者的阶级的资格，是正当性的大问题。沈定一对这一问题的看重可见于1913年的《致袁世凯书》。文章开篇便写道："定一尝相天下士矣，未之见也"，甚至"十年相士而不可睹"。遍数天下英雄，只有袁世凯乃人杰，"宜有位"。至于汤寿潜、章炳麟、蒋智由、汪兆铭、张謇、伍廷芳、李经义等竟然"负名解任，悉屏不用"。这番言论以"忧怆交集"的笔触收尾，十足的圣人气象。中国是个鲜活热闹的民族，而尤其是个政治的民族，天道恢恢成于孔子所言之"六艺"：《礼》以节人，《乐》以发和，《书》以道事，《诗》以达意，《易》以神化，《春秋》以义。这般的礼乐风景是无论怎样的动荡都有风动四方之姿，而且是江山代有才人出。在沈定一的时代，中国确实老了，但国人皆各执一学，百工众业亦各以其技有益于世，唯圣贤之志愿无边无尽，故而忧思不尽。沈定一每以国士自居，把历史与革命的弦弹得铮铮响，而到底"不得其死然"。小人趋势，君子徒愤时而已，沈定一对新事物并不拒斥，却总有不平之心，所谓"学书学剑意不平"。在他身后，我们仍是要追问：究竟是学问障了他的人生，还是人生障了他的学问？

沈定一的一生是对中国的未来有种莫名的大志，遗憾的是，这大志与时代的大疑并未在萧邦奇笔下延宕开来，生成史思。英雄豪杰是可以为时代题名的，如刘邦的汉、李世民的唐，孙中山的民国。辛亥革命时已见士的觉醒，而五四反要取消士，以为用科学可以来应对自然界，用民主就可以代替士。讲民主其实是断绝了知性，令士的知性与德性无法融入民间，遂成为乖张之学。萧邦奇注意到社会网络中人的身份的问题，却忽视了士的资格这个基本前提。

沈定一对社会总有敏锐的弹劾，他晓得革命是要除去时代的不洁不净，他更晓得通过宪政的方式很难形成改革的大力，而坍塌下去的现实在议会中往往是不可放置，难断去留。在此意义上，革命的格调永远是尚未成功。革命是个大的誓愿，在豁然开朗处还要天道来成全，如写曹孟德的句子“古人作事无巨细，寂寞豪华皆有意”，便是有在是非、阶级、敌意之上的了悟。一事一物各有一事一物的文字，所谓以声还鸟，以色还花，便是这个道理。司马迁的《史记》遭评为“多爱不忍”，对任侠佞小之辈是多有喜爱。在这一点上，《血路》也颇费思量，只是眼光未到。苏轼有诗曰：“我生不自量，寸寸挽强功。”沈定一也曾有豪言：“从今后！便要改造江山，也须有个对手。”[1]他的一生从步入仕途到在衙前被刺，是诸般不相宜。这般的莫名其妙恰如后人对于沈定一的评价：“沈玄庐呀沈玄庐，你究竟是金子还是沙子？你究竟是含沙成分高的金子，还是含金成分较高的沙子

① 沈定一：《题张静江与友合写的山水》，《民国日报》副刊《觉悟》，1921年10月20日。

呢？”[①]其实，沈定一可归入《史记·游侠列传》，有侠情，亦有知性的光。他的反省与珍重皆异于常人，如司马迁所说的“读书怀独行君子之德，义不苟合当世，当世亦笑之”。从来任侠是文魂，沈定一的重量即在于此。

结语

时代的大疑令世人更怀念礼乐中国的安定与秩序。1947年冬，张爱玲在上海的小菜场里与穿着补丁长衫的国人擦身而过后写道：“我们中国本来是补丁的国家，连天都是女娲补过的。”汉唐一路传下来的万家灯火是壮丽的，便是目下的隐忍与勉力为之亦到底是中国式的。“文官执笔安天下，武将上马定乾坤”，戏文中的唱词描画出一种“光整”的社会秩序。而现今的“中国的日夜”却是如污泥中的莲花般的颜色，有种略带神秘的心惊胆战：

> 我的路，走在我自己的国土。
> 乱纷纷都是自己人，补了又补，连了又连的，补丁的彩云的人民。
> 我的人民，我的青春，
> 我真高兴晒着太阳去买回来沉重累赘的一日三餐。
> 谯楼初鼓定天下，安民心，嘈嘈的烦冤的人声下沉。
> 沉到底……中国到底。[②]

---

① 中共萧山市委党史研究室编：《沈玄庐其人》，成都科技大学出版社1994年版，第33页。

② 张爱玲：《中国的日夜》，《张爱玲文集》（第四卷），安徽文艺出版社1996年版，第248页。

诗人有权利不解释她的作品，唯其如此，才更神秘。人世间的无聊，常常只因为煞有介事。历史的回归是风尘仆仆的旅程，受思想训练的人常被概念术语禁制住，不如将严密的体系解散开来。“原来驱使万物如军队，不如让万物解甲归田，一路有言笑……”，张爱玲如是说。在沈定一所处的时代，旧的东西在崩坏，新的在滋长中，极端觉悟与极端病态的人其实并不多，斩钉截铁的事物亦不过是例外。军阀失意得意，割据营私，甚至下作难堪，都是中国病的过度表现。他们是中国的不合时宜的补丁，不过仍是“乱纷纷”的自己人，成为军阀，毕竟是一种心理与道德的不可能。军阀为时代创造出一种革命的语境，沈玄庐则试图阻止这种语境形成，做了宪政的补丁。沈没能为时代题名，却在革命中国延续了士的大志、诗意与慷慨。他的一生是学书学剑皆不成，却有着难得的开豁，恰似他笔下的“塑像”般漂亮相宜有胆气：

军阀为时代创造出一种革命的语境，沈玄庐则试图阻止这种语境形成，做了宪政的补丁。沈没能为时代题名，却在革命中国延续了士的大志、诗意与慷慨。

血海中间翻过身，
太阳光里寻生路。
依他塑，依他塑！
塑成之后还要打破他。
他也是过渡。[1]

① 沈定一：《塑像》，《民国日报》副刊《觉悟》，1920年3月2日。

疲劳的颜色——周作人的思想与人生

我仍旧不觉得文学与人心世道有什么相关。

——周作人

周作人一个人独自追求着中国的“文艺复兴”。

——木山英雄

文章有如祭器，这是周作人的说法。祭器放在神坛上，在祭者看来或许是颇庄严的，有没有“一个霹雳打死妖怪”的功效就另当别论了。所以，“写好文章第一须得不积极。不管他们卫道卫文的事，只看看天，想想人的命运，再来乱谈，或者可以好一点”。(周作人:《关于写文章》，1935年。)十年后，周作人又重申了这种态度：

> 做文章最容易犯的毛病其一便是作态，犯时文章就坏了。……文章是个人所写，对手却是多数人，所以这与演说相近，而演说更与做戏相差不远。演说者有话想说服大众，然而也容易仅为大众所支配，有一句话或一举动被听众所赏识，常不免无意识的重演……这样，引导听众的演说与娱乐观众的做戏实在已没有多大区别。我是不懂戏文的，但是听人家说好的戏子也并不是这样演法，他有自己的规矩，不肯轻易屈己从人。小时候听长辈谈故乡的一个戏子轶事，他把徒弟教成功了，叫他上台去演戏的时候，吩咐道：你自己演唱要紧，戏台下鼻孔像烟通似的那班家伙你千万不要去理他。(《谈文章》，1945年。)

周作人对文字的看法近于常识。其一，好文字是浸在自己性情里的见识与趣味，所以从不屈己从人；其二，拿腔作调最是为文大忌。腔调是什么？是凡事都煞有介事的样子，处处流露出非凡的自觉，好像要把读者也装订成册。阿城有好语："好文章不必好句子连着好句子一路下去，要有傻句子笨句子似乎不通的句子，之后而来的好句子才似乎不费力气就好得不得了。人世亦如此，无时无刻不聪明会叫人厌烦。"这好比说写文章就是参加狂欢，没有套路、风格、腔调……带着腔调的狂欢多尴尬，统一了腔调的狂欢就是可怕了。

胡兰成是自在地读周作人的第一人，他的笔端总有禅机，英雄多是家常味道，寻常小人物却成了天下人的知己。周作人被他描绘成道家隐士，"只是寻味于人间"。这种状态像古诗中的画境："曲终人不见，江上数峰青。”人都不见了，可知其味淡。生在一个急于要求完成的时代里，周作人却较少飞扬刺激的姿态，恰如他钟爱的小品文风格，给人生设定了简静的底色。胡兰成喜欢写中国的礼乐风景，对同时代的破落文人则难得有一句好语，周作人是少数几个能得到他尊敬的“神清气爽的一个人”。在《周作人与路易士》一文中，他为周作人描画出一种平实的人生：五四时期写过“谈龙谈虎，令人色变”的文字，北伐之后则把人生收缩了，表现出“淡淡的忧郁”。不过这仍是一种令人喜爱的“落叶”气质，虽“不是与西风战斗的落叶，然而也是落叶，掉在明窗净几之间”。

把周作人掷入山水画中玩味，这是胡兰成指草言花式的禅趣，而学问所本则要细致地寻根溯源了。英国学者David E.Pollard以周作人式的闲散文笔剖析了周氏的一生，既有英雄不问出处进退的史家雅量，又不失妙悟禅机的灵慧。当然，最重要的一点是，Pollard写出了周作人的气质：即使在现实生活中有时不得已而被污辱，可在作品上决不甘屈服。

周作人被Pollard界定为"一位退避的学者"。周是怎样的一个人？又是怎样的一位学者？他从哪里退出？又退向何处？Pollard从两条线索上回答了上述问题：第一，时代如何评价周作人；第二，周作人如何评价他所处的时代。有趣的是，Pollard一出场就亮出底牌，他提醒读者注意：周氏"屈附日人"只是他"个人的权宜之计"，对于"污名"事件没有讨论的必要，同时，鲁迅的"应声虫"形象是周本人"绝对毋须做"的，亦不配成为讨论周氏思想的前提。那么，周作人的人生态度是在怎样的背景下形成的呢？Pollard认为这才是个值得探讨的"学术性"的问题：

> 随着周氏年事经验的增长，便产生出一种我们可以推想得到的人生态度，那就是：当人们寻求世事解答的时候，往往特别会思及宇宙，想找出一个与个人现象有关，又有助于了解的架构体制；这样置个人现象于广大人类历史内容中的后果便是：个人现象的特殊性消失了，个人对此现象的尖锐反应也因之钝了。周氏是位教师，他在学术方面的广泛研究，遂使他自软红十丈的现世中抽身而退。[①]

这一描述是Pollard对周作人形象的一个基本看法。与此相对，周氏"最不能忍受的人是那些假革命分子和那些搞得好像武人一般的文人"。他在1934年的一篇杂记中写道：

---

① ［英］David E.Pollard：《周作人——一位退避的学者》，郭小秋译，载傅乐诗等著：《近代中国思想人物论：保守主义》，时报文化出版事业有限公司1981年版，第424页。

我觉得现在的病却是在于武人谈文，文人讲武。武人高唱读经固无异于用《孝经》退贼，文人喜纸上谈兵，而脑袋瓜儿里只有南渡一策……（《苦竹杂记·煮药漫抄》）

革命本起于人心底的不满足，但付诸行动的革命会制造判然分明的界线，排斥任何其他的可能性，在划分阵营的同时也制造了紧张、仇恨和暴力。

文章是状态的流露，好文字能成功地传达经验，因而基底里往往是常识。周作人对于时代的观感多半来自世俗经验，给人平实的印象。譬如他在1925年写道："照中国现在的情形看来，似乎也有非讲国家主义不可之势，但这件铁甲即使穿上也是出于迫不得已，不能就作为大褂子穿，而且得到机会还要随即脱下，叠起，收好。"（《日本的人情美》）这类文字并不寄情于对革命的丰富想象，显示出难得的冷静，而时代的气氛却是另外的腔调。"武人谈文，文人讲武"的病症以"革命文艺"的观念流行着。有趣的是，将文艺与革命捆绑在一起的干将正是"大先生"鲁迅。他在《文艺与革命》中说："革命之所以于口号，标语，布告，电报，教科书……之外，要用文艺者，就因为它是文艺。”斗争的文艺打破了书斋小而完美的氛围，却把青年人泼染得一塌糊涂，被周作人形容为“念咒的妖法”（《文学的贵族性》，1926年）。

革命本起于人心底的不满足，但付诸行动的革命会制造判然分明的界线，排斥任何其他的可能性，在划分阵营的同时也制造了紧张、仇恨和暴力。美国学者萧邦奇（R. Keith Schoppa ）对革命过程中个人悲剧的形成有精彩的论述：

> 民族主义势力，尤其是那种强调通过行动缔造一个现代中国民族的民族主义，已成为（五四之后）另一道日益重要的分水线。尽管通过集体抗议和集会示威也可唤起民族感情，但是行动已日渐被看作民族振兴的最为有力的手段，且已形成明确的目标和系统的步骤：建立政党和军队。为了保证效率，达到预期目的，这两者拒斥任何不合格分子。①

革命亦是一种偏执，如世人所说的“不疯魔，不成活”。革命者的用心思量与反省远比卫道之士壮阔大气，引得众人随他们去以性命相试。康有为曾说，革命后的民国“公理未明，旧俗俱在”，势必“日寻干戈，偷生不暇”。如何解开这王气渐失而兵气日盛的困局呢？众谤声中，康圣人唯事“一君”，只言“保王”；章太炎号召建立革命新道德，塑造“菩萨革命家”，继而视农人为道德的化身，寄望于下层（万

① ［美］萧邦奇：《血路：革命中国中的沈定一（玄庐）传奇》，周武彪译，江苏人民出版社1999年版，第127页。

民)的轰动。这样的偏执何尝不是一种兵戈之气?周作人在1926年写了《谢本师》一文,忠告这位“出书斋而赴朝市”的老师“爱惜令名”,不要“猛烈地作起政治的活动”。如此决绝从何而来?这还要从时代的气氛说起。

一个时代有一个时代的气氛,民国之初的气氛是怎样的呢?是“犯上”之后的空荡荡,如《圣经·士师记》所说的以色列:“那时没有王,各人任意而行。”当时的共和政治可以用八个字来概括:“调剂敷衍,相忍为国。”[①]在文学上呈现这种时代困局的代表人物是“乡下人”沈从文。作为一个从“旧俗”包围的乡村生活里走出来的青年人,跑到大城市里,接受了五四以来的思想,转过头来再看看那里的生活,不能不感到痛苦。《新与旧》里表现了这种痛苦,《菜园》《丈夫》《贵生》里也表现了这种痛苦。沈从文之后,是现代作家阿城写出一篇《旧书》来,把个人品性被时代的“大力”所扭曲、压扁的旧事重提。

对于革命与政治,周作人是“去意浩

① 汤志钧编:《章太炎年谱长编》,中华书局,第370—372页。

无边”。他宁愿采取一种隐士的态度，如他引用戏文中的唱词云：“你做你的强盗，我守我的城门，干我屁事？”（周作人：《汉译古事记神代卷》，1926年。）

麦田里总要有几株不是麦子的植物才称之为麦田，周作人就是这样的少数分子，时时散发出绝不迁就时潮的异端气质，如他所说，“缺点也就是一种特色”，“还是‘从吾所好’，一径这样走下去吧”。（《雨天的书》自序）对此，Pollard是带着欣赏的态度来评价周作人的：

> 鲁迅守着命一般地守着他反叛者的角色，周作人则认为，双重生活模式是可行的，甚至还更自然些。他曾提及自己“叛徒”与“隐士”的二元特质，或者换一种说法，是“流氓”与“绅士”。……但他的《闭户读书论》（一九二八年）一文乃是他自流氓转而偏好绅士的转折点。[①]

周作人是个迷恋“趣味”的“绅士”，甚至把“没趣味”当作一件“大坏事”。在《笠翁与随园》（1935年）中，他给出这样一组关于趣味的概念：“雅，拙，朴，涩，重厚，清朗，通达，中庸，有别择。”这些士大夫习气在他早期的文字中有着更为细致的表达：“我们于日用必需的东西以外，必须还有一点无用的游戏与享乐，生活才觉得有意思。我们看夕阳，看秋河，看花，听雨，闻香，喝不求解渴的酒，吃不求饱的点心，都是生活上必要的——虽然是无用的装点，而且是愈精炼愈好。”（《北京的茶食》，1924年。）

把日常的趣味上升到宗教般的态度是周氏思想的一大特色，相

① ［英］David E.Pollard：《周作人——一位退避的学者》，第425页。

应地，用具体的事物和物化的记忆来表现思想则是他写文章时最常用的方法。禅宗主张“智法答非所问”，周作人常有这样的妙语，譬如他在《日本的人情美》中说：“我们要觇日本……须得去看他在那里吃茶弄草花时的样子……”对于这种追求片面的思考方式，常人或许会指责周氏缺乏深度，而他可能的回应是：缺乏深度即使是弱点，总没有缺乏“润泽的心情”那样重大。

周作人简单旧式的生活方式，如舟上观庙会、在瓦屋纸窗下吃茶、用典雅的瓷器等，表达的是一种“安闲而丰腴的生活幻想”。这状态如同周作人译日人诗中的苦竹雨夜：“夏日之夜，有如苦竹，竹细节密，顷刻之间，随即天明。”周氏喜欢称这种活法为“明哲保身”，而其基底则是他一直信奉的唯物主义。如果物质世界存在，便永远没有灵魂可言，所以人就只能这样活下去了。宗教训诫确实足以引领人建立人间天国，形成社会运动的风潮。但周作人认为大部分人都像自己一样是没勇气的，做不到“勇于好死而不愿赖活”，于是政治上的谨慎甚至退避，生活上的闲适便成了他的座右铭。周作人在五十岁时有诗曰,“谈狐说鬼寻常事,只欠功夫吃讲茶”,这“半是儒家半释家”的心态正可以做这个座右铭的注脚,而在《闭户读书论》中周作人更为自己设计了一种安静的活法:

> 趁现在不甚适宜于说话做事的时候,关起门来努力读书,翻开故纸,与活人对照,死书就变成活书,可以得道,可以养生,岂不懿欤?

这是仙人的话,在凡人看来不免有点过激,不过有时候能以诳语做真恰是读书人的造化。

周作人是一个不习惯于大喊大叫的人,他的特点是“收”。鲁迅曾以《语丝》的格调问题间接地表达对周作人的看法:

> 《语丝》虽总想有反抗精神,而时时有疲劳的颜色,大约因为看得中国的内情太清楚,所以不免有些失望之故罢。由此可知见事太明,做事即失其勇,庄子所谓“察见渊鱼者不祥”,盖不独谓将为众所忌,且于自己的前进亦有碍也。[1]

在战斗精神方面,周作人确实“时时有疲劳的颜色”,因而失去勇气,如Pollard所说,从阶级立场的角度来看,周氏因其不真诚而变得“不可救药”:

---

① 鲁迅:《致许广平》(1925年3月31日),《鲁迅全集》(第11卷),人民文学出版社1981年版,第32页。

在历史的判断上，鲁迅比他的弟弟好一些，他不再将中国人当作一个整体来攻击，而转成阶级攻击。周则固守他的标的，持着民族性的理论，因此得到一些赞美，但恐怕不大真诚。在急进派眼中，他因此变成不可救药的人。[①]

与这种评价不同的是，在日本学界，周作人也获得了出人意料的敬佩，木山英雄是持此种态度的代表。他笔下的周氏形象是大度、痛苦而充满韧性的悲情文人。木山氏认为，从思想史的角度来看，周作人属于开头反对儒教，后来又回到儒家立场的知识分子类型。他的思想发展轨迹，是以人道主义、世界主义、个人主义、无政府主义等等出发，之后又拒绝各种主义，而仅仅崇尚艺术与生活本身，其用心良苦之处在于“以汉文学来保持传统的努力”。

沦陷时期周氏“隐含特别政治主张”

① ［英］David E.Pollard：《周作人——一位退避的学者》，第444页。

的言论表现，韬光养晦以正论大事的决心，这一“惊人的事实”是木山英雄重点考察的一条线索。沦陷之初，周作人的信条是沉默，而打破自己“无言戒”的是纪念钱玄同的小文。他在文章中感谢这位亡友反对自己出任“伪职”的友情，在末尾他附记一句说：“现在破了二年来的无言戒写此小文，对我未始不是一个大的决意，姑以是为故友纪念可也。”（《玄同纪念》，1939年。）木山英雄这样解释周氏此语的意图：“两人的关系既是如此，那他用以纪念钱玄同的内容，就绝不会是用文章来扩大‘伪职’的污辱。”[①]

再来看周作人在《知堂回想录》中的记述：

> 在沦陷后的写作，便有些不同了，文章仍旧是那么样，但是态度至少要积极诚实一点了。在沦陷中有什么事值得改变态度，积极去干的呢？因为这是在于敌人中间，发表文章也是宣传的一种，或者比在敌人外边的会有效力也未可知。……我因此从日本军部的御用文人方面得到了“反动老作家”的名号，这是很光荣的事……[②]

周作人称自己如此决意为文的原因是“看重汉文的政治作用”，他在晚年反复强调的一个问题是，新文学运动在民国政治上所取得的成绩远大于其在文学上的影响力，当时有志于文学的人应当把握的重点是“汉文学的统一性”，并以此来树立民族文学的根基。在《汉文学的前途》附记中，周作人明确地表达了他“作为一个中国人”的立

---

① ［日］木山英雄：《我之周作人研究》，载《鲁迅研究动态》1987年第1期，第20—25页。

② 周作人：《知堂回想录》，河北教育出版社2002年版，第650页。

场：

> 不幸而值祸乱，则感想议论亦近平实，大抵以国家民族之安危为中心……中国民族被称为一盘散沙，自他均无异辞，但民族间有系维在，反不似欧人之易于分裂，此在平日视之或无甚足取，唯乱后思之，却大可珍重。……反复一想，此是何物在时间空间中有如是之维系之力，思想文学语言礼俗，如此而已。……（新文学运动）更重要的乃是政治上的成功，助成国民思想感情的连络与一致……[①]

按照周作人自己的说法，以这种立场所写的文章有较为重要的四篇，即《汉文学的传统》（1940年3月）、《中国的思想问题》（1942年11月）、《中国文学上的两种思想》（1943年4月）、《汉文学的前途》（1943年4月）。（《知堂回想录》，第

① 周作人：《知堂回想录》，第653页。

652页。)从1927年的《闭户读书论》开始,周作人就宣称要避居书斋,远离政治。1935年他又在《独立评论》上发表《弃文就武》一文,以讽世的语调来拒绝政治。然而,前述四篇文章却有着一贯的叙述方式和内容。一方面,他的全部议论都“尽情呈现前朝老话的姿态”,可谓甘心苦口;另一方面,周氏公开表达以“禹稷精神”为源流的儒家“政治姿态”,这种“儒家人文主义”的落脚点是天下万民的生存。遗憾的是,虽然周作人极认真地重塑中国民族精神的同一性,但在激烈促迫的时代里,他“已经失去了与读者共有时代苦乐的起码条件”。木山英雄在周作人“无可奈何的悲剧”生活中找到一种思想的韧性,即周氏思想内容上保持着长期的连续性:

> 早在三十年代,他放弃了五四前后的向西方模仿的近代主义,已经怀抱由“复古”而“再生”的文明构思,开始自称“原始儒家”了。如果我们把这两个阶段的思想对照来看,我们不禁要惊叹他思想经历的一种韧性,这是问题的一面。其中还有更微妙的一面,他三十年代的儒家之说不论如何地认真,究竟脱不了韬光养晦的意味。实际上,他仍存在着在激烈的战争和革命的季节里精神或文化同政治之间的无可奈何的矛盾。①

周作人没有前进到革命的方向,而是停滞甚至退避到儒家的人情物理中去。他积极关注伦理问题,追求安定,从“饮食男女之欲”出发到承认“他人”(“民族”),这些都是中国礼乐文化的核心部分。这

---

① [日]木山英雄:《我之周作人研究》,第20—25页。

一连续的路向使周作人的文字越到后期越好，这与他的生活正相反。相较而言，鲁迅则在“友与敌”的方向上渐行渐远，成了跌宕自喜的英雄。

周作人在1925年曾公开表示抛弃五四时期的世界主义，重回民族主义的立场，这种“思想的回潮”是Pollard解读周作人的关键问题。Pollard指出，周作人的民族性理论是理解他全部思想的关键所在，或许也是解释他何以成为一个退避学者的主要线索。社会达尔文主义对强力的称颂似乎没有影响周氏对中国时局的判断，尽管他早在20世纪初就广泛地阅读了这类作品，但并不信奉这些所谓的公理。与其说西方影响了周氏的信念，倒不如说他把西方学者的强大逻辑转化成了自己的余裕。

与其说西方影响了周氏的信念，倒不如说他把西方学者的强大逻辑转化成了自己的余裕。

人是需要余裕的。周作人善于用前人的事物与言语来说明现实生活，读书多，却总能以平实示人以余裕，不超俗，亦不随俗，真是大有根底的人。他的识见来自对历史的独特偏爱，也来自对同胞“有限度的期望”。他始终认为革命于中国而言只是一种自欺而已，“地方上的政治执行者与接受命令的群众之间无沟通可言，因为双方的理想相违”。他在1928年写了一篇题为“妇女问题与东方文明等”的文章，明确地表达了这种信念：

> 中国近来讲主义与问题的人都不免太浪漫一点，他们做着粉红色的梦，硬不肯承认说帐子外有黑暗。譬如谈革命文学的朋友便最怕的是人生的黑暗，有还是让他有着，只是没有这勇气去看，并且没有勇气去说，他们尽嚷着光明到来了，农民都觉醒了，明天便是世界大革命！至于农民实际生活怎样的蒙昧、卑劣、自私，那是决不准说，说了即是有产阶级的诅咒。(《永日集》)

“农民生活实况”使当时流行的劳动阶级“仁爱制度”并无乐观前途可言，历史一再证明，过去曾发生过的事将来仍要发生，尤其是在那些坏的方面。因此，中国永远也见不到她以前没有的东西。在未来的舞台上，上演的仍旧是那些老曲目，所不同的只是演员、观众和戏服。五四运动常被冠以新纪元的标签，实则一点也不新。Pollard认为，在汉代的党争，宋朝的学院之争以及明代的东林党中，五四早就前有古人。

周作人把中国人进步的先决条件设定为：知耻并深自追悔，因为一个缠足、吸鸦片、买卖人口的民族，不管她如何崇拜强权也永远强大不了。早在1928年，周作人就表达了这种悲观的态度，他在《谈虎集》后记中说，自己“对各派社会改革的志士仁人”表示尊敬，但是不信仰群众，与各党派也不能做同道，因为他确信“人类之不齐，思想之不能与不可统一”。虽然主张宽容，周作人却宣称“凡过火的事物都不以为好”。自己的“头脑不是现代的，不知是儒家气呢还是古典气太重了一点，压根与现代的浓郁的空气有点不合”，所以更像是“十八世纪的人”，而且是不太乐观的那种人。毕竟自己“生在达尔文、弗来则之后，哲人的思想从空中落到地上，变为凡人了”。全面接受人的“唯物论”的命运，默默地以儒家的面目书写“人情物理”，这就是周作人的立场，虽没有革命味道，却也是刚健的。

全面接受人的“唯物论”的命运，默默地以儒家的面目书写“人情物理”，这就是周作人的立场，虽没有革命味道，却也是刚健的。

周作人不是那种爱撷取并误用奇诡理论的人，但如Pollard所说：“就我个人的经验，周是文人当中少数几位认真研读西方有关人类兽性的学者之一。”透过周作人对历史、人类学及群众心理的识见，读者可以寻觅到其“思想的精髓”。

1926年，周作人在《语丝》发表题为“乡村与道教思想”的文章。值得注意的是这篇文字分为两个部分，分别作于1920年和1926年。周作人在文章的后半部分说，“上文是六年前所写，那一天正是长辛店大战，枪炮声震天，我还记得很清楚，至于这是谁和谁打，可是忘记了，因为京畿战争是那么多，那么改变得快。什么都变得快，《新生活》已停刊了，所没有改变的就只是国民的道教思想"，以至于"我拿出旧稿来看，仿佛觉得是今天做的"。革命之后，"支配国民思想的已经完全是道教的势力"，不过这道教是与民间风俗迷信结合的五斗米教之类的东西，百姓们借此使自己热闹起来，在麻木、凌乱、琐碎的生活之外别有期待：

> 改革乡村的最大阻力，便在乡人们自身的旧思想，这旧思想的主力是道教思想。所谓道教，不是指老子的道教者流，乃是指有张天师做教王，有道士们做祭司的，太上老君派的拜物教。平常讲中国宗教的人，总说有儒释道三教，其实儒教的纲常早已崩坏，佛教也只剩了轮回因果几件和道教同化了的信仰还流行民间，支配国民思想的已经完全是道教的势力了。……在没有士类来支撑门面的乡村，这个情形自然更为显著。《新陇》杂志里说，在陕西甘肃住的人民总忘不了皇帝，"人碰见他们，他们不是问道，紫微星什么时候下凡，就是问道，徐世昌坐江山坐得好不好？"[①]

周作人的观点很明确，要把民主政治的观念灌输给中国乡民简直不可能，因为民众接受一个伦理的(或宗教的)体系比接受一个真理的(或科学的)体系要容易得多。中国的乡民长期都陷在道教的势力、佛教的轮回报应之说与孔教的圣君信仰中，唯一的希望只能寄托

① 周作人：《乡村与道教思想》，钟叔河编：《周作人文类编·中国气味》，湖南文艺出版社1998年版，第288—293页。

在知识阶层了，至少他们不信宿命，不畏权势。遗憾的是，这样的“士类”已经不能再为中国撑起门面了。周作人甚至得出一个更令人失望的结论：当时中国的“国民的理性也很少发展的希望”，甚至“对于中国民族和我自己失去了九成以上的信仰与希望”。(《历史》，1928年。)

周作人能恰当地用前人的事物与言语来说明现实生活，这使他的文字少有情绪上的局促与激荡，内里却弹药充足，毫无退意。写到此处，周作人说自己不禁想起了与达尔文齐名的英国弗来则(Frazer)教授，并抄录了弗氏《社会人类学的范围》一文中的观点：

> 实际上，无论我们怎样地把他变妆，人类的政治总时常而且随处在根本上是贵族的。(案：我很想照语源译作“贤治的”。)任使如何运用政治的把戏总不能避免这个自然律。表面上无论怎样，愚钝的多数结局是跟聪敏的少数人走，这是民族的得救，进步的秘密。高

等的智人指挥低等的,正如人类的智慧使他能制伏动物。我并不是说社会的趋向是靠着那些名义上的总督,王,政治家,立法者。人类的真的主宰是发展知识的思想家,因为正如凭了他的高等的知识,并非高等的强力,人类证实一切的动物一样,所以在人类中间,这也是那知识,指导管辖社会的所有的力。……我现在想说明的是,为什么在有可以得到知识的机会之人民中间,会有那各种政治的,宗教的,道德的迷信遗留着。这理由是如此:那些高等思想,常是发生于上层,还未能从最高级一直浸润到最下级的心里。这种浸润大抵是缓慢的,到得新思想达到底层的时候,(倘若果真能够达到,)那也已变成古旧,在上层又另换了别的了。……勒南(Renan)在看了巴斯多木的希腊废庙之后,再与义大利农民的丑秽野蛮相比,说道:"我真替文明发抖,看见他是这样的有限,建立在这样薄弱的基础上,单依靠着这样少数的个人,即使是在这文明主宰的地方。"

不擅造势的周作人确实如鲁迅所言"见事太明",甚至对这样"贤治"的人类文明也心存芥蒂,最后真的成了"察见渊鱼"的"不祥"之人。1946年5月26日,周作人以"巨奸"之名被押至南京受审。据次日的《申报》记载,在14名汉奸嫌犯中,"书生周作人"光头衣着最为陈旧,体重也是最轻的,只有52公斤。在被押解前后,周曾写下这样一首诗来表白心迹:

羼提未足檀施薄,日暮途穷究可哀。

誓愿不随形寿尽，但凭一
苇渡江来。

“羼提”和“檀施”都出自佛典，前者是忍辱之意，后者则代表布施。借着这样的意境，我们仿佛听到一位老僧的叹息：自己修行的功夫不够，对众生亦施予太少，但即使是在形寿将尽之时，也并无气短疲累之意。

乱世中奔走的周作人，在不安、踌躇中与宿命较力，却能以生活的余裕为题材而示人以余裕。他的风趣与见识令木山英雄有惊人的结论：周作人一个人独自追求着中国的“文艺复兴”。他“反对一切宗教性的不合理幻想、热衷等，同时否认崇拜英雄，革命主义以及民众自主性的‘信仰’”，甚至“乍一看几乎无内容的随感里，也蕴含着无限的力量”。[①]周作人虽然独特，但绝非思想的火炬手，而更接近于帕斯卡所说的“思想的苇草”。他坚持着一种温和的写实主义，也从未离开“保守”的立场，这一立场从Pollard

① ［日］木山英雄：《周作人——思想与文章》，载张菊香、张铁荣编《周作人研究资料》，天津人民出版社1986年版，第608—609页。

的笔端蔓延开来，亦带着几分“疲劳的颜色”：

> 假如急进分子与保守分子唯一的分野就在于对人类潜能的信心如何这一点的话——则只此态度便足以把周作人归于整体政治范围中的保守派，但他特异的保守思想并非那种忠于封建主义的保守思想，而是接受他所知的中国人的性格，把它当作是一种负担，也是一种慰藉。①

胡适晚年经常接到前线士兵的来信，说是想看他的书，于是便寄去《胡适文存》和《四十自述》。②相比之下，一海之隔的周作人则略显寂寞。“在家和尚”却也在生活苦旅中继续修行，只是时常感慨着“寿则多辱”，这让我也“不禁想起”了他对生活经验的乐观估计：

> 我并不以为人可以终日睡觉或用酒代饭吃，然而觉得睡觉或饮酒喝茶不是可以轻蔑的事，因为也是生活之一部分。百余年前日本有一个艺术家是精通茶道的，有一回去旅行，每到驿站必取出茶具，悠然的点起茶来自喝。有人规劝他说，行旅中何必如此，他答得好：“行旅中难道不是生活么。”这样想的人才真能尊重并享乐他的生活。沛德（W. Pater）曾说，我们生活的目的不是经验之果而是经验本身。（1925年，《雨天的书·上下身》）

① ［英］David E.Pollard：《周作人——一位退避的学者》，第446页。

② 胡颂平编著：《胡适之先生晚年谈话录》，联经事业出版公司1985年版，第5页。

作为一个时代的负荷者，周作人算不上什么勇士，但亦是庄严的，至少在品味上。他的贡献不是某种象征性，而是具有争议性的存在感。他自称“学匪”，被判为汉奸，死时身边空无一人。1920年的《晨报·附刊》上载着他批判国人的文字：“妥协，顺从，对于生活没有热烈的爱着，也便没有真挚的抗辩。”八十岁时，他在遗嘱中说：“余一生文字无足称道，唯暮年所译希腊对话是五十年来的心愿，识者当自知之……”

《尚书》里说汤有惭德，不知曾为几人识得？

II

历史精神与宪法——严复《政治讲义》论析

引言

1905年，是中国革命团体大联盟在东京成立中国同盟会的一年，也是清廷以立宪君主制消弭革命烈火以自救的一年。这一年的夏天，与清末的政治课题关联最深的是严复（1853—1921）应“海上青年”之邀，在上海以“何谓政治”为主题连续进行了八次演讲，并于次年出版了《政治讲义》

一书。[1]这是严复唯一的以专门阐述“政治科学”为内容的著作，而且是“中国人将‘科学’这一概念用在自然科学之外的领域”的首次尝试。[2]这些都足以使这一文本具有思想史上的独特意义。本文尝试从宪政史的角度对严复君主立宪思想的背景与特质进行分析，重点考察严复那一代知识人思考政治法律问题的方法。同时，思考中国式宪政观形成过程中对历史精神与西方法学观念依赖、转化和改造的独特方式。

时代的要求是从各方面修正对权力的旧观念，而严复对“作为科学的政治

---

① 严复对于中国立宪政治的关心，集中体现在他对议会的执着讨论中，代表性作品包括：1905—1906年所作的《政治讲义》一书和1906年发表在《外交报》上的《论英国宪政两权未尝分立》《续论英国宪政两权未尝分立》两篇文章。

② [日]佐藤慎一：《近代中国的知识分子与文明》，刘岳兵译，江苏人民出版社2006年版，第267页。该书首先分别于1905年9月和10月开始在《政艺通报》和《教育杂志》上连载，1906年2月、3月间，讲义加上严复的《自序》由商务印书馆出版。之后竟绝版，至民国十九年（1920）七月又由上海金马书店重版印行。严复在《自序》中表达了他以“科学”的方法来解析政治的信念：“伟哉科学！五洲政治之变，基于此矣。”同时他也指出“自由平等”等西方概念虽然是讲义中的核心概念，但“知进退存亡之圣人”为学术仍然以中国为依归：“古之人发此者二三千年，中西载籍，莫不有考，然而最后百年，其学乃大盛，得此以与向之平等自由者合，故五洲人事，一切皆主于谋新，而率旧之思少矣。呜乎！世变之成，虽曰天运，岂非学术也哉！……而课其果效，恶苦则取其至少，善乐则收其至多。噫！此轻迅剽疾者之所以无当于变法，而吾国之所待命者，归于知进退存亡之圣人也。”参见罗耀九主编《严复年谱新编》，鹭江出版社2004年版，第212—213页。

学”的探讨却是相对独立地进行的，与当时的中国政治状况并不必然相关。构想最好的政体，或者为清廷的执政者探索政策技术等，都不包含在他的课题之中。这是严复作为中国第一个政治科学家的独特性所在，也正是在此意义上，他对于政治、法律的讨论才最值得我们关注。[①]虽然严复通常被当作一个君主立宪主义者来观察，但他的学说却不同于一般的变法论者的“自上而下”的君主一元论立场，这种立场主张“君民一体，上下一心”的君主立宪之公：“公谓无私，平为无偏，公……以庶民之心为心，君民无二心，平……以庶民之事为事，君民无二事。”而严复则是从“民”（以士大夫为中心）的立场来阐释其政治学说的，而且他以主张平等地赋予民政治权利的民权思想亦引人注目。[②]严复的这种独特性还反映了20世纪中国思想在应对现实问题上的自主性和内在理路。总体上来看，严复（和梁启超）的政治保守主义与文化修改方式和张之洞的中体西用论以及五四时期的全盘西化论均不相同。他们不但强调先秦学说的意义，而且主张中国有关内在世界（伦理与形上智能）的认识，与西方有关外在世界（主要是科学和民主）的知识结合为一，同时外在世界还要维系中国五伦的秩序，而内在世界也要肯定西方如“所以我存”“开明自营”等精神，由此反映出严复、梁启超等知识分子在面对西学时，表现出自主性的批判精神。[③]

史华兹教授在《寻求富强：严复与西方》一书的开篇就提出一个

---

① 王蘧常：《严几道年谱》，台湾商务印书馆1985年版，第75—77页。

② ［日］沟口雄三：《中国公私概念的发展》，《国外社会科学》1998年第1期，第59—70页。

③ 黄克武：《严复的终极追寻：自由主义与文化交融》，《二十一世纪》2001年第10期，第11—16页。

常常被人们忽视的问题："西方"并非一个明确的已知量。[1]严复对西方的观点提出了中国式的挑战，如同为此书作序的哈茨教授所说："西方思想的西方评论家告诉我们较多的是我们已知的事情；而严复进一步告诉我们所不知道的事情。"[2]史华兹对严复译著做了细致的分析，唯独对《政治讲义》只是一笔带过，是写作上的疏漏，还是暗藏玄机？这个问题只有中国读者自己去解决了。

严复对西方的观点提出了中国式的挑战，如同为此书作序的哈茨教授所说："西方思想的西方评论家告诉我们较多的是我们已知的事情；而严复进一步告诉我们所不知道的事情。"

一、《政治讲义》的前提

严复在《政治讲义》中阐述的政治学说立足于几个基本前提。这些前提，是作为理所当然的既定条件被提出来的，并未证明其妥当性。第一个前提是，人在本质上是社会性的存在。他以"民生有群"来表达。严复认为："世之有政治，乃五洲不谋而合之一事。其不谋而合者，以民生有群故。"换言之，社会是自然

① [美]本杰明·史华兹：《寻求富强：严复与西方》，叶凤美译，江苏人民出版社2005年版，第8页。

② [美]本杰明·史华兹：《寻求富强：严复与西方》，第1页。

必要成立的，并非是由于人的作为而创造出来的。值得注意的是，作为《天演论》的译作者，严复一直是以一个进化论者的身份来进行讨论的。《政治讲义》中屡屡提及他的译著《社会通诠》，书中阐述的就是政治社会的进化过程。[①]然而，对于严复来说，天演进化并非意味着对于进化的前阶段的否定，国家、社会每一阶段的存在都有其理由，它因"天时、地利和民质"而有所不同。因此，在对国家等政治学概念作考察时，应"不设成心于其间"，正是这种态度使严复能以更开阔的视野来观察政治现象，尤其是中国的立宪问题。对此，严复有明确的表述：

> 东西先儒，言政治者，……系问人既合群之后，所相维系，以何者为最优？故其所取，往往在文明之国，而弃草昧之群。吾人为此，眼法平等，所求者不过其国家，其形质，天演之程度，与之演进之定法耳。惟吾意不薄草昧而厚文明，故其视国家也，亦与前人异。……文明之语言胜于草昧远矣，顾不得谓草昧者为不能言。草昧亦有君臣，故草昧亦有政府。政府同而所以为政府者大殊。吾今欲进而论之，意将由吾意中设最美之目的，以后递验古今所有各政府，几人达此目的，几人未达，而后治乱盛衰有可论乎？顾此法前人

① 如严复将人类社会分为图腾社会、宗法社会和军国社会三个类型："群之所始，《社会通诠》所言，已成不易之说。最始是图腾社会，如台湾生番之'社'，西南夷之'峒'。其次乃入宗法社会，此是教化一大进步。此种社会，五洲之中，尚多有之。而文化之进，如俄国、如中国，皆未悉去宗法形式者也。最后乃有军国社会。"参见王栻主编《严复集》，中华书局1986年版，第1261页。

多有由之，即其所谓最美目的，
真不胜其繁也。[①]

第二个基本前提是治与被治的关系必然存在。即社会(群)必然分为治者与被治者，这里必然存在着支配关系(管辖、管束)的命题。严复将确立治权的社会称为“国家”，国家与社会之间并没有严格的区分。他认为人类历史在很早的阶段就成立了国家。这样，为了统治而不可缺少的机关就是“政府”，因此，“天下无无政府之国家”。同时，在严复看来，“政治学问题，乃是国家，凡是国家，皆有治权”。因此，对国家、治权(政府)的考察，自然成为讲义的核心内容。

《政治讲义》的第三个基本前提是国家的有机体理论。他认为国家同生物一样是有机体(有机之体、官品)。严复认为国家不是零散的个人的集合体。就像生物中由细胞构成各个机关而承担各种生命活动一样，国家也是由各种各样的机关承担不同的作用而组合起来才得以存在的。因此，同生物有机体存在进化

① 王栻主编：《严复集》，第1421页。

现象一样，有机体的国家也存在进化现象。进化是有机体适应环境变化的现象，因此，国家的进化必然是渐进的过程。[①]严复主张，国家虽是由人所为，但仍是天演之物，其程度高低，皆有自然原理，“一切因其自然，而生公例；非先设成心，察其离合”。

在方法论上，严复也有自己的独特之处。大体而言，他将“作为科学的政治学”所使用的方法概括为四种：“进化的方法（天演术）”“归纳的方法（内籀术）”“比较的方法（比较术）”“历史的方法（历史术）”。在《政治讲义》的第一会，严复就强调他要论述的“政治”并非中国古代的“治术”，而是作为一门科学的“政治学”。他尤其强调归纳的方法，所谓的“内籀之术”就是对待政治学的根本态度：“初不设成心于其间；但实事求是，考其变相，因果相生，而谨记之，……无所谓利害，无所谓功过。”按严复的理解，“为内籀学术，莫不有史。吾国或谓之‘考’。如钱币考，钱币之历史也”[②]。换言之，是以传统中国的考据学来研究政治学。基于这样的方法，严复将《政治讲义》的内容概括为如下四个方面：“吾将取古今历史所有之邦国，为之类别而区分；吾将察其政府之机关，而各著其功用；吾将观其演进之阶级，而考其治乱盛衰之所由；最后，吾乃观其会通，而籀为政治之公例。”[③]

二、量化的“自由”

从哪里入手来理解严复以古文的方式对现代政治概念的描述

---

① ［日］佐藤慎一：《近代中国的知识分子与文明》，第268页。

② 王栻主编：《严复集》，第1244页。

③ 王栻主编：《严复集》，第1242—1250页。

呢？佐藤慎一认为《政治讲义》“最大的特色在于用彻底量化的态度来对待专制与自由这一问题”，而这一特色也是理解严复的关键所在：

> 在20世纪初的中国，对专制与自由的问题虽然从各种各样的立场展开了不同的论述，但是除了严复之外，所有的论者都是将专制与自由作为质的问题来把握的。……具有这种想法的思想家，在近代中国是极为稀有的。围绕着严复的思想特质，是应该将其视为保守的还是应该将其视为革新的，或者说是应该将其视为西方派还是应该将其视为国粹派，等等，虽然展开了一些没有什么结论的议论，我认为这里所说的执着于从量的方面来把握政治现象，正是处于其思想特质的核心位置。[1]

① ［日］佐藤慎一：《近代中国的知识分子与文明》，第271—272页。

自由的问题是《政治讲义》中最重要的主题之一，严复是把它作为一个基础性的概念来分析的，通过对自由的解释，他得以表达自己的立宪观和对诸如专制、议院等概念的看法。在《政治讲义》中，严复界定自己要论述的“自由”为“政界自由”（国民的自由），而非“伦学中的个人自由”（个人的自由）。“政界自由”是“与管束为反对”的概念，而“伦学中的个人自由”指的是穆勒在《群己权界论》（《论自由》）中论述的“个人对于社会之自由”。也就是说，严复这种政治上的自由是有关人们在国家这一政治社会中的行为的界限，与个人的伦理上的自由是不同的。那么这种“政界自由”的独特性何在呢？严复认为“自由者，不受管束之谓也；或受管束矣，而尚不至于烦苛之谓也”，简而言之，“政令简省为自由”，“民之自由与否，其于法令也，关乎其量，不关其品也”。从自由与政府的关系来看，因为自由是与所谓管束相反对，而“受管束者，受政府之管束，故自由与政府为反对”，因此，“自由达于极点，是无政府”。反之，如果政府管束过多，自由也就被否定而无意义了。这两种极端的状态都是极少见甚至不可能出现的情况，因此，无论在什么国家，自由的有无常常都只不过是程度的问题。正是基于这样的认识，严复认为“民之自由与否，与政府之仁暴，乃绝然两事”，“留自由名词，为放任政体专称可耳”。在某一国家，在何种程度上实现自由这一问题，不是由其政府的形态如何来决定的，而是与其国家所处的条件，如“天时”“地质”“民质”有着具体的关系：

（自由）自其本体，无所谓幸福，亦无所谓灾害，视用之者何如耳。使其用之过早，抑用之过当，其为灾害，殆可决也。独至当为灾害之时，喜自由之说者将曰：此非自由，乃放肆耳。虽然，自不佞言，真不识二者之深别也。嗟呼！惟欧民气质之异于吾亚，故当深受压力之际，辄复建自由之号，以收召群伦。夫既建之以为号矣，则不得不扬之于九天之上，一若其物为无可疵瑕也。而其民缘此而实受其福者，诚史不绝书。夫国民非自由之为难，为其程度，使可享自由之福之为难。吾未见程度既至，而不享其福者也。今夕所言，大抵不逾自由之义，非个人之自由，乃政界国民之自由。①

立宪与专制的关键区别是有没有议院作为观测民意的制度，立宪政体就是将革命制度化的政治体制。

三、宪法与议院

严复在《政治讲义》中把专制与立宪当作对立的一对概念来理解，他认为专制也是一个只能用程度来量化的词，因此，专制与立宪的差异在于改废政府

① 王栻主编：《严复集》，第1288页。

的方式。只有在立宪体制下,改废政府的权利全赖于议院这一制度化的形式,它区别于以流血革命的方法来求取自由的与“君上为争”的古老传统。如果民意的向背没有宪法这样的法典为依据,其结果就是君民之争,所以,“有无议院国会为建立破坏政府之机关,专制立宪二政府不同在此”。立宪与专制的关键区别是有没有议院作为观测民意的制度,立宪政体就是将革命制度化的政治体制,因为,“革命而乱者,皆坐无以为宣达测验舆情之机关耳,皆坐无国会议院耳”。对此,严复提出了与专制相对应的宪法概念,所谓宪法,乃是“吾侪小人所一日可据以与君上为争之法典耳”:

> 今假政府之于民也,惟所欲为,凡百姓之日时,百姓之筋力,乃至百姓之财产妻孥,皆惟上之所命。欲求免此,舍逆命造反而外,无可据之法典,以与之争。如是者,其政府谓之专制,其百姓谓之无自由,谓之奴隶。立宪者,立法也,非立所以治民之刑法也。何者?如是之法,即未立宪,固已有之。立宪者,即立此吾侪小人所一日可据以与君上为争之法典耳。其无此者,皆无所谓立宪,君上仁暴,非所关于毫末也。[1]

严复对西方的立宪政治制度十分了解,对于议会在立宪政体中的功能,严复也有精辟的界定,他认为:“如今西人,问某国之民自由与否,其言外之意,乃问其国有同彼之上下议院否。考英国议院有权,亦不过我们国初之事。其时英民革命,曾杀一王,名察理第一者,

---

① 王栻主编:《严复集》,第1284页。

其后君民难解，嗣君复辟，而议院之政权遂立。至于十八世纪，当吾国乾嘉间，大为欧洲所仿效。法民革命而后，大陆各国，大抵有议院矣。故西人所称之自由国，必其有议院以为立法成赋之机关。政府行事，必对于此而有责任，凡其所为，必受察于议院，设行事为民心所不附，议院有权以易置之。”问题是，民众有了议会这样的制度，自由就必然增加吗？对此，严复以量化的自由概念提出了相反的理解，因为议院的存在、民权的增长并不是使“政令宽简”，而是使“法制弥多，治民弥密”，如严复所说：“自历史事实言，则国有议院，与法不烦苛，此二义往往风马牛不相及也。每有专制之朝，如前所言，其残民以逞，固也；而于民事，转无所干涉，听其自生自灭于两间；所责取者，赋税徭役而外，无所关也。而议院肇立，民权新用之秋，往往社会巨细，皆务为之法，以督治之，而烦苛转甚。”所以，民众的自由自然是越来越少，也就是说，自由的多少与议院的有无正好成反比例，甚至二者只能存其一：

自由名词中所含二义：一为政令宽简，一为有代表议院。是二义者，不但不能相合，实且几于相灭。相合云者，如国有议院，其政令即当宽简，或由政令宽简，便可卜知其国之有议院也。乃今既证不然，则虽常俗言语，于二物同称自由，而吾党政治学中此种字义，必不能用，将于二义，必有一留一去。[①]

与“喜闻新异之说，……崇拜自由”的一般国人相比，严复有着更清醒的认识，他深知即使是在西方，作为立宪政治的关键制度的议院也只不过是减少流血革命这样的暴力事件而已。如前所述，如果议院不是如一般所理解的那样体现和保障民众自由的机关，那么，议院对于中国的意义究竟何在呢？以议院为基础的立宪政体又怎能使中国自存且富强呢？对此，严复以“有责任政府”的概念为中国政治开出了一剂药方，如何使政府负起责任来才是改革中国政治的关键所在，如严复所说：“今夫国有代表议院者，其效果无他，不过政府所行，必受察于国民之大众耳。夫苟如此，则何必定用自由，称其国众为自由之国众乎？但云其国所建，乃有责任政府足矣。”与“有责任政府”相对应的概念是“放任政体”的概念，严复创立这一对概念时所集中关注的仍然是中国的贫弱和政治的亟待改进，对此，他有如下的评论：“即在吾国，使后此果有盛强之日，吾恐政府之柄，方且日张，民有

① 严复通过对议院的分析提出了其独特的自由概念：“盖政府无责云者，专制政府，惟所欲为，即至辱国累民，赔款割地，其高高在上，而安享富贵自若。即有责任，亦对于更上之君权，或对于其国之邻敌。其于百姓，以法制言，固无责也。一有议院，则议院之权，得以更置政府，故名有责政府也。夫此名既立，则自由二字，合依最切之义，定为与政令烦苛或管治太过对立之名词。”参见王栻主编《严复集》，第1286页。

自由，降而益少。以政府之由于无责，而转为有责，殆亦势所必至之事。何者？使其不然，便无盛强之日故也。”在举国皆喜谈自由，崇拜自由的时候，严复却视自由为下品，而以“有责任的政府”为根本的关注，在他看来，所谓的“自由的人民”这样的概念并不具有实质性的意义，建立立宪政体最紧要的工作是改造对民众不负责任的政府为有责任的政府，至于民众能享受多少的“自由”，则与政府之权限一样，要遵循“天然自演”之理：

> 但以政府权界广狭为天演自然之事，视其国所处天时地势民质何如。当其应广，使为之狭，其国不安，当其应狭，而为之广，其民将怨。必待政权广狭，与其时世相得，而后不倾。此皆势所必至，理有固然。……自政府既立，此患乃轻，其众因以不散。虽然，政府立矣，而物竞天择之行，常有以渐变其形式，治权广狭，随世不同。夫言治权广狭，反观之即

无异言自由之多寡也。是故欲以自由多寡分别国家者，不必争政府权限应立何处，但取事实已见者言之足矣。[①]

四、宪法与舆论政治

如何使政府成为对民众负责的"有责任政府"呢？在严复看来，这对于中国之立宪事而言是一个"图穷而匕首见"的问题，也是《政治讲义》第八会的"结穴问题"。他指出："近者吾国国家，方议立宪，立宪非他，即是众治。众治则不得不用从众代表一制，凡此皆相因而生，无由解免。"所以，设议院代表众意仍然是问题的关键。于是，在文章的结尾处，严复提出了"政治学最紧要之公例"：以议院为测视舆论民情的常设机关。

然则专制、立宪二者，其为群下所拥戴既同，而二者不同安在？应之曰：舆论者，拥戴之情之所由宣也。专制之政府，无以为宣达测视舆论之机关，而立宪之政府有之。一令之行，一官之立，舆情之向背，不独显然可见也，而多寡之数，亦至著明。其向背与多寡，皆于议员之出占投票而得之。 此谓舆情向背多寡，有议院以为宣达测视之机关者，即无异言国民得此，而有其建立维持破坏政府之机关也。[②]

针对"代表制"的问题，严复创立了一个新的概念——"扶治"，他

① 王栻主编：《严复集》，第1290—1291页。

② 王栻主编：《严复集》，第1314页。

认为“一国之中，不仅治人、治于人两方面而止，而常有扶持政府者为之居间，成三方面：治者、扶者、受治”。同时，“既能扶之，斯能倾之，亦能造之。是故扶持政府之权力，即建造政府之权力，破坏政府之权力也”[①]。在严复看来，“扶治”才是议院作为舆论机关在政治上的最大功用。严复认为，“无论何等国家，其中皆有此建立维持破坏（政府）之权力”，如果没有一个机关来行此功能的话，如严复所说：“政府所倚其扶立拥戴以为存者，乃今不欲扶立拥戴之。然坐无机关，此变未由宣达；而居上之人，亦坐无此机关，未由测验。”[②]在这种情况下会有什么后果呢？严复认为是“革命也！此革命而乱者，皆坐无以为宣达测验舆论之机关耳，皆坐无国会议院耳”。[③]因此，如果说严复笔下的议院是某种意义上的“民本思想制度化”，那么，以议院为紧要机关的立宪政治也有这样的中国式根源，这或许是我们理解严复宪法观的一个基

如果说严复笔下的议院是某种意义上的“民本思想制度化”，那么，以议院为紧要机关的立宪政治也有这样的中国式根源，这或许是我们理解严复宪法观的一个基本前提。

① 王栻主编：《严复集》，第1314页。

② 王栻主编：《严复集》，第1314页。

③ 王栻主编：《严复集》，第1314页。

本前提。

严复对议院的理解对当时大多数主张君主立宪的士大夫都有内在的影响,而且这种独特的观念一直延续到辛亥革命前夕,甚至有人提出“舆论政治”的概念来解释立宪政治。如1910年刊载于《国风报》上的一篇署名为“长舆”的文章,题目是“立宪政治与舆论”,文中称清廷自1906年宣布仿行立宪以来,咨议局、咨政院次第成立,“国会之开即在旦夕。我国国民皆有参与政治之权,即皆负监督政府之责。我国数千年之独裁政治,固将一进而为舆论政治矣”。作为一个与“独裁政治”相对称的概念,“舆论政治”标志着立宪时代的到来,因为在议院的监督之下,“一切庶政无不取决于舆论”,所以,“立宪时代,舆论实政治之源泉”。值得注意的是,严复将判断舆论的标准解释为议员投票的“多寡之数”,这仍然是一个量化的标准,而《立宪政治与舆论》一文却指出,“有势力之舆论非必即有价值之舆论”,舆论之所以伟大,并不是因为它能够代表众意,实现“众治”。那么,什么样的舆论才能形成所谓的“舆论政治”并与立宪政治相匹配呢?在作者看来,要以民智、民德的高下来判断舆论,并且这种民智、民德仍然是在中国传统的公私观念中被观照的:

> 凡人之生,莫不有利己之天性,其论事也,即不能无私意搀于其间。故一二人之所谓为利者,不必果为公利也;一二人之所谓害者,亦不必果为公害也。惟举群之人而皆曰利、皆曰害,则其所谓利害者,当较公,而不至辟于其所好恶。此舆论之所以可贵也。然而利之与害,恒相倚伏,事固不能纯利而无害也。且群俗变迁,时宜各异,……群治至

赜，事几至微，必其群之智识能洞察时势之真相，深知国家之大计，然后其所主张之利害，能切中于事理，而造福于国家。若其智识程度不足与时势相应，其所主张之利害往往与事实相背驰，则所谓舆论要不过庸耳俗目之凡识。合群盲不能为离娄，合众聋不足为师旷，虽大多数之主张，固不足成为舆论也。……盖舆论之价值，固比例于民智民德之高下而为轻重者也。[①]

于是，按照这样的逻辑推演下去，要实行立宪政治，必须先解决的问题并不是仅仅建设议院这个机关，而是转化为另外两个更为关键的问题：其一，首先要培植出立宪政治的主体：在道德和智力方面能与舆论政治相配的"民"，这样，立宪的问题在现时态上便被转换为一个怎样培植具有"现代性"的人民问题，因为没有合格的政治主体，立宪不仅不能得

① 长舆：《立宪政治与舆论》，载《国风报》第一年第十三期，1910年6月17日。

"美治",反而会成为"大乱之道":"今日中国言变法者,……动欲国家之立议院,此无论吾民之智不足以兴之也,就令能之,而议院由国家立者,未见其为真议院也。徒多盈庭之莠言,于国事究何裨乎?"[①],"夫君权之轻重与民智之深浅成正比例,论者动言中国宜灭君权,兴议院,嗟呼!以今日民智未开之中国,而欲效泰西君民共主之美治,是大乱之道也"。[②]其二,以地方自治为开议院的政治准备。对于这一问题,严复有着清醒的认识,在他看来,在中国当时的情形下不能急于开国会,设议院,而应当采取先实行地方自治然后开议院的渐进方式:"窃计中国即今变法,虽不必遽开议院,然一乡一邑之间,设为乡局,使及格之民,推举代表,以与国之守宰相助为理,则地方自治之基础矣","地方自治之治,乃刻不容缓者矣"。[③]也就是说,严复想从个人的自治开始,到地域、省,然后到国家全体,循序渐进地实现地方自治、实现立宪制。以所谓"及格之民"为立宪政治的主体、以地方自治为立宪的基础的观点是一种由下而上的立宪观,这也是当时地方精英和知识界人士共同的认识。这里值得注意的是,从个人开始最终发展到国家的想法基于一种儒家的世界观和思想基础:"修身、齐家、治国、平天下"的个体观和国家观。这种自下而上的权力模式在逻辑上符合中国传统的思维方式,即地方基础应当优先于国家统一,也是国家统一的基本条件。孔飞力曾这样描述中国传统文化之下的地方问题:"顾炎武及其追随者们理想化的所谓'封建制'很强地制约了中国人,使他们从自下而上的角度去观察全国的政治理论问

① 王栻主编:《严复集》,第883页。

② 王栻主编:《严复集》,第475页。

③ 王栻主编:《严复集》,第982页。

题，如果全社会的权力存在于它的每一个部分，那么，要改进社会就得从底层做起”，“在一个前工业化社会的中国，人们关于天下的理论多半是从关于个人品行、家长权威，以及乡土效忠意识，这些单一特殊的价值推而广之得到的，所谓‘修身、齐家、治国、平天下’，乃是历代知识分子奉行的准则”。[①]

五、地方自治与《郡县论》

地方自治作为一个立宪时代的现实问题，很微妙地与传统理论相结合，最明显的例证是严复等人在讨论宪法问题时都很倚重顾炎

① 西方历史学家对20世纪中国的政治史有许多诠释方法，但有四个命题颇为流行：清帝国瓦解后出现的军事混乱和分裂；国民党建立新政治秩序的进程被1937年日本入侵所打断；中共在农村领导的民众革命运动的加强；对新国家性质的探索因城市民主运动的失败而打断。……这四种历史观都强调这段历史的不连续性和不完整性。而魏斐德则强调一种相关性和连续性的历史观，比如他透过《上海警察：1927—1937》一书来解释晚清改革、国民党的统一和社会主义国家建立之间的联系。参见［美］魏斐德《上海警察：1927—1937》，章红等译，上海古籍出版社2004年版，第2页。日本学者田中比吕志从地方自治的角度来分析清末民初政治史的连续性，他认为中国在清末民初构建新的制度时依然深受传统观念的影响，中央与地方的关系是这一时期要解决的关键问题，杨度、梁启超等君主立宪论者在处理这一问题时所依循的路径仍然是从中国的思想出发，在他看来：“专制国家中粗放式的统治，形成了中国社会中被称为‘一盘散沙’的人际关系。费孝通把这种状况命名为‘差序格局’，然而，在这样的社会结构中，向立宪过渡，还要培养国民素质，因而在清末应大力提倡‘合群’（社会统合）和‘上下一体化’。”于是，清廷对乡绅等地方精英的期待也是传统的官民关系的写照：通过教育“开导下级平民”，使其具有“上下一体化”的国民素质；以民间的自治力举办公共事业，从而逐渐地达到郡县国脉络相通，“君民无阻隔”的状态。另外，孔飞力也从晚清的地方自治运动入手来分析辛亥革命前十年的立宪运动，他认为地方自治理念在中国有着深刻的历史传统，中国传统的、封建的治人者与治于人者的社会性质决定了宪政理论中的分权与限权思想不能落到实处，“中国晚期帝制的社会对于平权与选举代表制度来说，并不是一块丰沃的土壤”。参见田中比吕志《清末民初的国家统一·地方自治·地方精英》，中国社会科学院近代史研究所编：《辛亥革命与20世纪中国——纪念辛亥革命九十周年国际学术讨论会论文集》（2001年），第211—225页；［美］孔飞力：《封建、郡县、自治、立宪——晚清学者对中国政体的理解与倡议》，《国外中国近代史研究》第27辑，第1—15页。

武的观点。这与沟口雄三将明末清初作为中国近代历程的萌芽时期的看法恰好吻合，他在总结中国近代思想的起源时强调，从政治层面来讲，在明末清初有不断地向着地方分权化的动向。如果认为欧洲与日本的近代历程是从封建的领主制到形成中央集权国家的历程，那么中国与二者是截然不同甚至是完全相反的，中国政治体制在近代的变革之路，是以专制的中央集权体制分解而走向地方分权化的历程。[①]在《郡县论》一文中，顾炎武曾论述封建制相对于郡县制对于中国地方行政改造具有积极意义，因为，一个好政府道德需要有良好的地方基础。

① [日]沟口雄三:《中国的思想》，赵士林译，中国社会科学出版社1995年版，第119页。在论述辛亥革命的一篇精彩论文中，沟口雄三从"内发性发展"的立场出发，认为中国历史的内在连续性问题才是思考的起点，主张采用所谓的"十六~十七世纪视角坐标"，指的是承认明末清初的历史变动，并且认为这一变动贯穿整个清代，其发展直至清末的动荡期是一个长期的俯瞰性视角坐标。十六、十七世纪明末清初的"乡里空间"乃"地方公论"展开的空间，其规模由明末的县一级扩充至清末的省的范围，如果依照时间的推移平实地观察历史的话，辛亥革命结束了持续两千余年的秦汉帝国以来的王朝体制，这显然是世界史意义上的大事件。而且，尤其应注意到的是，它亦非采取了由诸如革命派中央军、民众乱军推翻皇权之类的模式，而是各省摆脱中央宣布独立，这一形态的革命可以说是史无前例。换言之，"民间""自治"空间的领域得以扩大，并扩充形成为以省为单位的代替王朝体制的新体制框架。参见[日]沟口雄三《辛亥革命新论》，《开放时代》2008年第4期，第5—17页。

他主张"寓封建之意于郡县之中","罢监司之任,设世官之奖,省辟属之法",任职县令"必用千里以内习其风土之人",经过若干年试用后,称职者"任之终身","使县令得私其百里之地",他们基于乡土的亲情而赢得了本地人民的长期爱戴,也取得了很好的地方自治的效果,从而使中央与地方的关系得以巩固,达到太平之治。[①]但诚如孔飞力所指出的,"关键在于,无论是顾炎武还是他的评论人,都没有把制度架构问题提上议程,这一讨论的着眼点在于地方政治的精神心理基础。我们看到的是,统治者与被统治者之间亲密无间的关系,它是一种私家亲情向公共领域的扩大"。[②]对此,严复在《原富》按语中也有相应的解释,他所要阐明的仍然是"天子治天下之道",并不是与议院及选举代表制等源于西洋的新制度架构:

> 顾亭林《郡县论》五,谓使县令得私其百里之地,则县之人民皆其子姓,土地皆其田畴,城郭皆其藩垣,仓廪皆其囷窌。为子姓,则必爱之而勿伤;为田畴,则必治之而勿废;为藩垣囷窌,则必缮之而勿损。自令言之私也,自天子言之,所求夫治天下者,如是足矣。[③]

---

① 顾炎武:《顾炎武诗文集》,中华书局1983年版,第12—15页。

② [美]孔飞力:《封建、郡县、自治、立宪——晚清学者对中国政体的理解与倡议》,第1—15页。

③ 王栻主编:《严复集》,第884页。

结语

在激烈促迫的时代里，严复的诗人气质使他更深刻地体会到宪法的精神性：宪法所载的是理想，是将来，是来自西方的应该怎样。但是，在中国这样的国家里，思考政治的方法往往源于历史精神，解决政治问题必假“民意”之名，而代表民意者不是人民的组织，是功德巍巍的大领袖。[①]“宪法就象诗人（他们没有男子气）”，这是巴克教授在评论梅因的《古代法》一书时使用的经典比喻。[②]对于“法学家”而言，深刻地理解“历史的国家与历史的法律”比创立新法典更有意义，重申和加强历史的训诫在任何时代都有其恰当的理由。严复的《政治讲义》使用了梅因的方法：历史精神与进化论。如巴克教授所说，这是一种抛弃任何先验假设（尤其是契约论）的方法，它通过重申和加强古老的训诫来维护法

对于“法学家”而言，深刻地理解“历史的国家与历史的法律”比创立新法典更有意义，重申和加强历史的训诫在任何时代都有其恰当的理由。

① ［加］陈志让：《洪宪帝制的一些问题》，《中华民国初期历史研讨会论文集（上）》，台湾“中央研究院”近代史研究所1985年版，第16页。

② ［英］欧内斯特·巴克：《英国政治思想：从赫伯物·斯宾塞到现代》，黄维新、胡待岗等译，商务印书馆1987年版，第112—113页。

律，同时根据法律的历史来对待社会现象。严复从斯宾塞那里获得了19世纪的渐进主义进化论，这使他相信民主的实现要以它存在的历史条件成熟为前提。严复引用斯宾塞的话说："民之可化，至于无穷，惟不可期之以骤。"[①]国人无知、体弱、缺少公心，只立宪法并不能使民自治，借明君之力才能为民主奠定基础。"宪法如诗人"的命题使同样具有诗人气质的严复认识到精神性的宪法离不开皇权，大一统才有行动的大力："然则能今而弃吾君臣可乎？曰：是大不可。何则？其时未至，其俗未成，其民不足以自治也。"[②]如史华兹教授所说，在《辟韩》一文中，严复表达了他的激进主义，不过，这种民主主义的信仰要在他的"保守主义"前提下才能理解。[③]推而广之，这或许也是理解严复君主立宪思想的一个前提。

① 王栻主编：《严复集》，第25页。

② 王栻主编：《严复集》，第34—35页。

③ ［美］本杰明·史华兹：《寻求富强：严复与西方》，第45页。

皇权与宪法——清末的帝制问题

自康有为、梁启超等维新派士人开始，重新解释皇权和塑造帝制就兼具了传承历史、国家统一、社会安定和民族认同等象征性意义，君主立宪政体本身就起源于对儒家思想进行再造的努力。[①]同时，由于宪法概念中隐含着限制权力，尤其是限制君权的含义，君主立宪体制中的宪法无论如何都要面对一个重大的难题：一个卸除了君主纽带的儒家思想如何可能？因此，只有通过"君主制问题"才能理解帝制过往与宪政未来之间的联结关系。本文尝试从宪政史的角度来思

① [法]巴斯蒂：《晚清官方的皇权观念》，《开放时代》2001年第1期，第57—67页。

考如下问题:宪法在怎样的君主制框架内制定出来?又被什么样的皇权观念规定着?

一、天下与国家的"中国性"

清末以来的思想史,是一个使"天下"成为"国家"的过程。[①]在帝制时期的中国,"天下"与"国"是一对相对应的概念。国不仅意味着土地和人民,而且还包括对土地和人民所提供的武力保护。天下则是一个文明化的、社会的概念,其含义要比政治权力及其体制宽泛得多,因为文化与道德,亦即整个价值世界都属于"天下"。保国并不是政治生活的最高目标,更高的理想应该是对天下有所担当。以顾炎武为例,他把儒家意义上的"有天下"解释为"欲厚民之生,正民之德"。他在《日知录》中写道:

> 有亡国,有亡天下,亡国与亡天下奚辨?曰,易姓改号,谓之亡国,仁义充塞而至于率兽食人,人将相食,谓之亡天下。……保国者,其君其臣,肉食者谋之;保天下者,匹夫之贱,与有责焉耳矣!(《日知录·正始》)

顾炎武的观点源于孟子"仁者得天下"的论断。孟子认为,不具有"仁"的人只能得"国",而不能得天下:

① [美]列文森:《儒教中国及其现代命运》,郑大华、任菁译,中国社会科学出版社2000年版,第87页。

桀、纣之失天下也，失其民也；失其民者，失其心也。今之欲王者，犹七年之病求三年之艾也。苟为不畜，终身不得。苟不志于仁，终身忧辱，以陷于死亡。(《孟子·离娄上》)

孟子的话也有其引申的含义。相对于“天下”这样的文化理想而言，人们不应该屈服于以武力为基础的政治权威，换言之，“为政之理”并不仅仅存在于政治事务之内，而是依从于更高的评判标准，即天命与民心。[①]《论语·颜渊》载：“季康子问政于孔子，孔子对曰：‘政者，正也。子帅以正，孰敢不正？’”东汉许慎《说文解字》以“正”解“政”。儒家思想对“政”的理解，贯穿着整个中国古代思想史。君主端正自己，则百姓皆有所遵从。有所从也就是“有路可走”，天下人都有路可走，这就是所谓的“天下有道”，政治生活的最高目标就是“天下有道”。从这一逻辑推演下去，人们在政治生活中要先以修身为根本，相对而言，家、国

① 刘小枫：《儒家革命精神源流考》，生活·读书·新知三联书店2001年版，第134页。

的治理则位于政治事业的末端。《礼记·大学》云："自天子以至于庶人，壹是皆以修身为本，其本乱而末治者否矣。"这是儒家思想对君主的文化劝诫，如果君主"不志于仁"，则"终身忧辱"。

在另外一个层面上，中国思想体系中的"天命""民心"这对最重要的概念，还关涉着政治统治以及政权转移的道义问题。[①]《易传·革卦》说："天地革而四时成，汤、武革命，顺乎天而应乎人，革之时义大矣。"意思是说，汤武革命的正当性就来自上承天命下顺民心，正是在这样的语境（context）下，《孟子·梁惠王下》对汤武革命作了如下的评价："贼仁者谓之贼，贼义者谓之残，残贼之人谓之一夫。闻诛一夫纣矣，未闻弑君也。"由民本思想导源的儒家革命理论为传统中国的朝代更替提供了解释，君主同时面对来自儒家的道义监督和来自天命的威慑。对此，列文森指出，儒教和帝制之间的张力与活力所形成的所谓中国性（Chineseness），是中国面对西化运动威胁时"传统主义者崇敬的对象和主权的支柱"。[②]

在列文森看来，"中国性"把新君主主义和新儒教按一种新的伙伴关系联接起来。与西方人侵之前那种紧张的伙伴关系相比，这种新的伙伴关系具有单纯和结构简单的特点。秦朝的君主制是建立在反儒家的法家原则之基础上，而儒学则由于君主制度的建立成了显学。君主主义和儒学之间的矛盾始终存在。官僚士大夫在支持帝国的同时，又常常表现出离心倾向，历代王朝也因其离心倾向而经常排

① [美]包弼德：《斯文——唐宋思想的转型》，刘宁译，江苏人民出版社2001年版，第1—7页。

② [美]列文森：《儒教中国及其现代命运》，郑大华、任菁译，中国社会科学出版社2000年版，第167页。

斥官僚士大夫。儒教与君主制度之间的这种既相互吸引，又彼此排斥的张力的丧失，是造成中国君主制度瓦解的主要因素。[①]

明末清初的历史正是上述所谓“中国性”的一个证明。崇祯帝至死都无法原谅朝中那些“不忠不义”的士大夫，而在他死后的最初几天内，至少有40名官员自杀以殉国。李自成攻克北京后，大部分明朝官员都相信天命已经转移，于是选择为大顺朝效力。这其中的一些人甚至试图教化这位义军领袖，使他成为符合儒家理想的德义之君。当李自成因残暴而失其道义时，范文程、洪承畴等汉族士大夫又极力劝说清朝贵族进攻中原，以便顺从天命，执掌天下。君与臣在历史选择的天命观中各以其独特的方式随机应变，互相成全。以征服者姿态入侵中原的满人亦服膺于儒教君主制的这种适应性，最明显的例证是多尔衮以管仲效忠二主的历史先例来说服吴三桂事清：“昔管仲射桓公中钩，后桓公用之为相，以成霸业。今伯若率众来归，必封以

中国一直是政治即教化万民之责，把提高人的品格当作一个公共的大事。

① [美]列文森：《儒教中国及其现代命运》，第168页。

故土，晋以藩王。一则国仇得报，一则身家可保，世世子孙，长享宝贵，如山河之永矣。”①

在这段历史中，最耐人寻味的并不是吴三桂的犹疑与抉择，而是多尔衮的被教化。他的劝降策略说明一个人所共知的中国政治原理：中国一直是政治即教化万民之责，把提高人的品格当作一个公共的大事。满清王朝在初创之时就选择尊重并运用这个法则，清末的君主立宪也无法摆脱它的影响。

二、“下之自谋，不若上为之谋也”

当清廷于1905年宣布立宪时，无论是一般官员还是清廷的高官，对于立宪的作用都有正面的认识，态度也非常积极：“立宪则安，不立宪无以挽危机；立宪则强，不立宪无以图治理。”②官方对新宪法的功能大体上有如下几个方面的期待：政治的转型、统治权的合理化、新的规训秩序以及促成国家的统一与强盛。具体而言，宪法有利于创建新的官僚制度、将全体人民“民族化”和“公民化”以及实现皇权功能的法律化。当时的舆论认为，这些作用与中国传统观念并不互相排斥。

山东布政史尚其亨曾出洋考察宪政，对宪政的看法也多少带着些世界眼光。他认为宪法有助于巩固国权，提高国民品格而使之进

① [美]魏斐德：《洪业——清朝开国史》，陈苏镇、薄小莹等译，江苏人民出版社2003年版，第82—99页。

② 天津自治研究所编：《述宪法种类第二》，《东方杂志预备立宪临时增刊》，1906年。

于文明，以及使中国与他国平等。宪法具有“限制之义”，它保障人民的自由，使之免受侵袭。在宪法的限制下，人与人交际不得侵犯他人之自由；国与国交际不得侵犯他国之自由。而所谓“限制”者，并非夺去了君主的权力，正如自由者，并非任由国民遂行所愿。在实际层面，宪法可以经由教育、财政、议会、保护工商、开采资源、较好的警察与军队、邮政电报等新政，来改进人民的生活：“考泰西各国宪法原起，在十八世纪前，强者每扩张其权利以侵人自由，弱者欲伸其自由以保其权利，互相竞争，而宪法出焉。一国共守之法曰宪法，万民共守之法曰公法，其义实相通焉。……裕其学识，足其财用，则民有礼而知耻，教养兼施，保卫周至，则民乐利而日进，是皆造国民之品格，使进于不可侮辱之境者也。”①

对于君主立宪派而言，皇权自有其稳固的基础，其正当性来源并不是当前人们要集中讨论的问题，立宪的关键所

① 《福建布政使尚其亨奏宪法立则公法行则外侮靖折》，故宫博物院明清档案部：《清末筹备立宪档案史料》，中华书局1972年版，第260—261页。

在是确定皇帝在新宪法中的地位和角色。[①]从日本明治立宪的角度来看，皇帝的角色不过是立宪的功能之一，宪政体制的最大功绩在于为朝廷创造一个新的正当性基础，这一新的正当性应该能够与君主制相互融合。[②]

中国的保守派在面对革命思想时，并非在帝制及其构成基础之上提出辩驳，而主要是通过捍卫宋明理学中的道义来进行抵抗。[③]从太平天国运动的角度来看，太平军并未质疑君主制的原则，相应地，清廷针对“天国”这一异端所作的文化宣战就不是在捍卫帝制，而是从整体上来捍卫儒家伦理道德与信条。在此之后，君主政体的宗教性和礼仪性不断衰落。虽然如此，1908年宪法对皇权的界定并不意味着中国与皇权的传统信条决裂。事实上，在立宪改革开始之前，皇权的观念就已经在清廷内部发生缓慢的变化，只是没有形成明确的理论框架。与欧洲君主时代拥有周详的帝制理论不同，中国的帝制是随着朝代更替而不断创设的。例如在发生继承权之争或重大政治危机时，帝制的具体架构会因时因事地被清晰地阐释出来。[④]

以晚清政坛的权力斗争为例，从1861年北京政变到1875年两宫太后“垂帘听政”，朝廷内部有关摄政、继嗣、继统等问题发生过一系列争论。除了实际的政治权力斗争之外，还涉及皇帝权威的基础、规

① 吴经熊、黄公觉：《中国制宪史》，上海书店出版社1982年版，第5—16页。

② [美]沙培德：《利于官，利于民：晚清官员对立宪之议论》，《“中央研究院”近代史研究所集刊》第42辑，台湾“中央研究院”近代史研究所2003年版，第47—71页。

③ Marianne Bastid, Schram, S.R, ed. “Official Conceptions of Imperial Authority at the end of the Qing Dynasty”. Foundations and Limits of State in China, School of Oriental and African Studies, University of London, 1987, pp:147-186.

④ [法]巴斯蒂：《晚清官方的皇权观念》，第56页。

则等礼仪问题。1861年8月22日咸丰帝卒,同年8月24日皇长子宣布继承大统。由于皇帝年幼,围绕太后摄政问题,朝廷内部以肃顺为中心的八位御前大臣与后党势力发生冲突。同年11月发生北京政变,肃顺等被处死,太后以皇帝名义宣布"垂帘听政"。法国汉学家巴斯蒂(Marianne Bastid)把御史董元醇对太后摄政的倡议概括为三个相互关联的方面,即"皇权实体的化身,维系臣民对皇帝尊崇的纽带,以及政治惯例对变化的形势的适应"。符合逻辑的解释是,"君主政体被描述为一种制度,而统治者本人并不重要。新皇帝年仅五岁,这也无关紧要。就在新皇帝得知朝廷决定之时,决定就具有了合法性"。[1]

皇权的神圣本质只在言说的意义上存在,它最重要的功能其实是对天下安定之可能性的宣示与担保。

自1886年12月起,光绪开始亲自朱批奏章,1889年3月4日正式亲政,但慈禧仍然有权过问所有奏折、呈报和决策,高官的任命也需经她批准。这表明皇权处于一种分裂和分立的状态。君主政体通常被当作一种理性而实用的制度来捍卫,在历史上已有皇权被分割的先例。

① [法]巴斯蒂:《晚清官方的皇权观念》,第60—67页。

以清初的历史为例，1643年皇太极死于盛京，皇位继承的问题也随之而来。皇太极的长子豪格得到许多老臣的支持，而皇太极的异母弟弟多尔衮也得到众多亲王贝勒拥戴。最后，这场危机在所有亲王参加的贵族会议上得到解决：6岁的福临于1643年10月8日即位为顺治帝，在两位摄政王——多尔衮和济尔哈朗——的监护下治理朝政。[①]这段历史的特殊性说明一个时隐时现的帝制原理：皇权的神圣本质只在言说的意义上存在，它最重要的功能其实是对天下安定之可能性的宣示与担保。帝制是历代王朝运作方式的一种，也是所谓的“典”的一部分，它必须具备应对各种政治形势的能力。

在清末的官方话语体系中，主权常常用“大权”一词来表达，大部分人都强调大权统于朝廷。当时的政治观念依然因循着儒家的君主观，“天子”是一个标志，一个象征，他的关键作用是保证国家的统一。早在公元前3世纪荀子就积极阐明了这一点，《荀子·王制》说：“君子者，天地之参也，万物之总也，民之父母也。”《荀子·正论》说：“天子者，势位至尊，无敌于天下，夫有谁与让矣！道德纯备，智惠甚明，南面而听天下，生民之属莫不振动从服以化顺之。天下无隐士，无遗善，同焉者是也，异者焉非也。”严复在《社会通诠》中对这一传统的解释更能代表时人的看法：“孔子之术，其的在于君权，而径则由于宗法。盖借宗法以定君权，而非借君权以维宗法。……夫李斯学帝王之术于荀子，既知六艺之归，相其君以王于天下，其为术皆昔所闻之荀子者也。观其大一统，尊天子、抑臣下、制礼乐、齐律度、同文字、

① [美]魏斐德：《洪业——清朝开国史》，陈苏镇、薄小莹等译，江苏人民出版社2003年版，第95—96页。

攘夷狄、重珍符,壹是衷于孔教。”[1]

帝制是所有决策的唯一源泉,这一点是至关重要的:没有个人的领导,统一难以获致。礼仪、宗教和道德不再是皇帝权威的充分支持物。君主政体逐渐被视为中国历代王朝整体的一个组成部分,同官制和其他行政制度一样。如同所有其他的国家体制,帝制亦受到政治有效性的规则制约。

尽管公众的认可被视为现代国家及其合法性的基础,但在一些清朝官员眼中,只有好的法律或规则被制定并获得遵守后,公众的认可才能获得。载泽在1905年谈到英国的宪政制度时就强调,虽说英国政治是立法操之于议会、行政责之于大臣、宪法掌之于司法,且庶政取决于公论,但君主还是裁成于上,而不患事权之不一。[2]对此,1906年《东方杂志》上刊载的《人民程度之解释》一文也做了一个中国式的诠释,所谓“下之自谋,不若上为之谋也”的帝制传统与“大

① 王栻主编《严复集》,第1555—1557页。

② 《出使各国考察政治大臣载泽等奏在英考察大概情形暨赴法日期折》,《清末筹备立宪档案史料》,第11页。

权统于朝廷，庶政公诸舆论"的纲领如出一辙："夫立宪必事选举证诸今世各国公同之已事成例，必具此乃可以云宪政。观于七月十三日预备立宪之诏书中微隐之趣，与近九月二十日宣改地方官制之上谕，谓地方自治难以遂行者，均以民格不及程度不足为言。此无异言今日民智不足以选举以自治。质而言之，即谓：下之自谋，不若上为之谋也。"

许多清朝官员都想象并期待着一种君主有最后裁决权威，而他本身却不负责任的立宪体制。当时反对立宪的官员普遍认为立宪会直接削夺君主之权，而日本明治维新的经验表明，立宪并不是日本强大的关键，立宪的逻辑毋宁是"明治收回主权，力图专制，而国乃骤强"。[1]对于士大夫而言，中国对西洋法政观念的卑怯归顺，也刺激了他们更为强烈的抵抗情绪，欲拒还迎的《钦定宪法大纲》便承载了当时中国的种种焦躁、犹疑和抵抗。

三、"宪法大纲"与君主制

1908年夏天，清廷公布了一份重大文件，其中列举了"宪法大纲""选举法"，以及为期九年预备立宪的逐年筹备事宜。[2]君主大权依然在强调之列，且表述异常坚定："君上有统治国家之大权，凡立法、行政、司法，皆归总揽，而以议院协赞立法，以政府辅弼行政，以法院遵律司法。"此外，"上自朝廷，下至臣庶，均守钦定宪法，以期永远率循，

① 《内阁学士文海奏立宪有六大错请查核五大臣所考政治并即裁撤厘定官制馆折》，《清末筹备立宪档案史料》，第139页。

② 杨幼炯：《近代中国立法史》，商务印书馆1937年版，第33页。

罔有踰越”。[1]在这份文件中，清廷依照日本明治宪法的做法，更加明确地赋予皇帝以种种权力，诸如万世一系，永远尊戴之神圣不可侵犯的地位，颁行法律和否决法律之权，须经皇帝之诏命，法律才能颁布实行、召开和解散国会之权，设官用人之权，统率陆海军之权等。而议院只有建议之权，所有决议之事项均需得到皇帝之钦定认可之后，方得实行。未经政府协议，议院不得废除、删削由皇帝大权所定之一切政府岁出，或罢免朝廷大臣。同时，皇帝须谨遵钦定法律，不得以命令随时更改。在规范臣民方面，这份文件使用了新式的法律术语“权利与义务”：权利在法律范围之内，包括了选举权、言论集会与财产居住等自由；而义务则包含了纳税、服兵役和遵守国家法律等。

1908年的《钦定宪法大纲》中，有关皇帝权力的条款并不是对民主改革要求的妥协，而是高级官员重新确立皇权基础的最终实现。端方在1907年8月15

① 《宪政编查馆资政院奏宪法大纲暨议院选举法要领及逐年筹备事宜折》，《清末筹备立宪档案史料》，第54—67页。

日的一份奏折中,恳请朝廷公布宪法与皇室典范,并附带提出详尽而稳妥的准则,使之为公众了解。这种观念在本质上与清代开国以来就延续的制度演进类同:“由专制朝廷颁行宪法者,谓之君主立宪,其君主为万世不易之统。日本天皇常握最高之统治法权是也。考日本宪政本源,一在万机决于公论,与人民以参议之权;一在振起皇基使天子之权力不可侵犯。故其帝国宪法与皇室典范相辅而行。……兹当举行立宪之初,固应原本典章垂为模范,上以昭祖宗之家法,下以作万世之规型。”①

对于反对改革的保守派而言,康、梁的观念中最荒谬的就是“平等”与“民权”之类的表达,这些观念是背离现实的,会威胁到朝廷的稳定。“安危之数不在党徒之煽乱,而在政论之分歧”,这种分歧会使得整个政治体制无法正常运转。因而,首先遭到批驳的并非维新观念的政治后果,而是其产生的社会道德影响。维新派提倡的诸多政治改革措施行不通,是因为它们基于一种与中国国情不符的、有害的道德体系。与这种简单的道义抵抗相比,清廷的立宪工作至少取得了一些实质性的成就。

1908年的《钦定宪法大纲》试图将皇位变成一个公共职位。皇权从此就以法律为基础,法律将弥补皇帝本人的不足,同时也将限制其滥用权力的潜在可能。改革的进程表明,李鸿章、张之洞等忠诚大臣在挽救君主政体的努力中并未成功。然而,通过把君主制从王权的宗教和礼仪链条中剥离出来,并把它与国家权力及民族主义相关联,可能有助于创建现代国家的恒久特征。这样的国家主权或权力并不

---

① 端方:《请定皇室典范折》,沈云龙主编:《端忠敏公奏稿》,台北:文海出版社2001年版,第1083—1087页。

神圣，但国家本身就是所有权力最终的、独一无二的源泉。

清廷的官员们和康有为、梁启超等人一样，把日本作为立宪的重要参照系。日本明治宪法明确地保证君主总揽大权，1905年赴国外考察宪政的官员基本上都认为日本的立宪模式最适合中国。日本效法的对象德国同样也是可以取法的，再向下推演还有英国。不过，英国的宪政制度值得怀疑，原因是英国议院的权力高于君主。这表明清廷的官员并不是要提出一个主权在民的立宪政体，因为“君主不负责任”的逻辑确实导致一个处于被动角色的君主产生，无论如何，大一统的观念都是中国的正统。[①]

早在1901年，梁启超就主张，君主立宪政体避免了共和政体的乱象，以及专制政体的逼迫与腐败。君主统有大权，而立宪政体的君权却有一定的范围。梁启超引证孟德斯鸠的观点，将英国的宪政体制描述为一个三权分立且三权统一于君主的政体。同时，他敏锐地

① 董方奎:《清末政体变革与国情之论争:梁启超与立宪政治》，华中师范大学出版社1991年版，第33页。

觉察到清廷立宪的复杂性：立宪国的君主“无责任”，恰如英国人所常说的“君主不能为恶”，这在中国如何可能？梁启超因而推导出一个关乎立宪成败的重大难题：一个君主何以能既握有大权而又能不负责任呢？对他而言，君主身为行政首长却不负责任的观点正是立宪政体的微妙之处。不过，他更加清楚地指出，实际上英国到18世纪之时，政府之权已经转移到议院之手了。[①]

四、“大权统于朝廷”

1909年，赴日考察宪政大臣达寿试图从宪法秩序中引申出君权存在的空间。他宣称立宪能使皇室超然于国家政治之上，因而安然无忧。他举出日本明治天皇的例子，证明皇室与国家区分开来所具有的作用：天皇虽然远离政治风波，却能保有控制大权。因此，最好的政体必须有一个清楚的主权中心，即一种不受任何挑战的权力形式。[②]在新的宪法之下，君主大权得以清楚的确立下来，确保君主大权不受国会立法的限制：“大权政治，谓以君主为权力之中心，故其机关虽分为三，而其大权则统于一。其对于内阁也，得以一已信任之厚薄，自由进退其大臣。其对于议会也，则君主自为立法之主体，而议会不过有参与之权，议会虽有参与之权，而君主实仍操裁可之柄。其对于裁判所也，其裁判权虽寄于裁判所，而大赦特赦减刑复权之事，

① 梁启超：《立宪法议》，《饮冰室合集·文集卷五》，中华书局1996年版，第1页。

② *Rethinking the 1898 Reform Period: Political and Cultural Change in Late Qing China* / edited by Cambridge, Mass. : Published by the Harvard University Asia Center : Distributed by Harvard University Press, 2002.p.20.

仍属天皇之自由。"[1]

值得注意的是，达寿的立论以国际竞争的大背景为前提，主张必须调和权利与义务，以厚植国民的竞争力。人民履行纳税、服兵役等义务的回报便是一定程度的参政权。君主从义务获取利益，而人民由参政权养成了国家思想，这便是实行立宪的最大益处。如果不立宪，在上者就无法谋求国民之发达，而人民则受在上者的束缚而无法自谋发达，理想的状态应该是如传统儒家所追求的大同境界：朝野上下如家人父子般地融合为一体。这种儒家式的家国一体化道路能够克服立宪进程中的一切问题，诸如究竟是皇帝来自宪法，还是宪法来自皇帝，究竟是"主权在民"还是"主权在君"，以及政治权力如何分割等等。

宪法是皇帝昭告天下，为民而治的纲领，甚至也暗示皇帝与人民之间的团结一体，无差异无阻隔，这正是宪法对于古老中国的奇妙之处。

制定西方式的宪法一直是朝野上下都关注的新问题，但这一问题背后所隐藏的却依然是传统中国民本思想的忧虑："国势不振，实由于上下相睽，内外隔阂，官不知所以保民，民不知所以卫

① 《考察宪政大臣达寿奏考察日本宪政情形折》，《清末筹备立宪档案史料》，第30—35页。

国。”[①]因此，宪法所承载的就不仅仅是建立一个新体制的问题，而是要达到“君民一体，呼吸相通”的太平之治。1910年，清廷在上谕中也表达了同样的官方态度：“立宪之道，全在上下同心，内外一气，去私秉公，共图治理。”[②]这则上谕可以看作是清廷乃至传统中国对宪法的一个中国式解释：宪法是皇帝昭告天下，为民而治的纲领，甚至也暗示皇帝与人民之间的团结一体，无差异无阻隔，这正是宪法对于古老中国的奇妙之处。[③]在宪法与皇权的问题上，巴斯蒂的观点颇能与这份上谕的精神相契合。她认为立宪运动所依据的新观念似乎是中国内部逐渐发展起来的，并不是外部影响的产物，这一点适用于宪法对皇权的重新定义。[④]

中国的政治传统深受孔子仁政思想的影响。孔子所谓仁，实际上是融道德、人伦、政治于一炉的；他所倡导的治术则以德、礼为主，政、刑为助。所谓“为政以德”的德治，则是指通过在位者的人格感召来教化大众，匡正人心，使百姓相亲相爱，知礼守法。《论语·为政》开篇云：“为政以德，譬如北辰，居其所而众星共之。”王夫之说：“君之所以自正而正人者则唯礼而已矣。礼所以治政；而有礼之政，政即礼也。故或言政，或言礼，其实一也。礼以自正而正人，则政治而君安，不待刑而自服……政之所自立，必原于礼之所自生。”[⑤]宋明时期发展出来的新儒学则进一步强化了君子自觉的修身之道，尽管这种修身仍然指向政治领域，如韩愈所说：“古之所谓正心而诚意者，将以有为

① 《宣示预备立宪先行厘定官制谕》，《清末筹备立宪档案史料》，第43页。

② 《立宪应如何预备施行准各条举以闻谕》，《清末筹备立宪档案史料》，第44页。

③ [美]沙培德：《利于官，利于民：晚清官员对立宪之议论》，第47—71页。

④ [法]巴斯蒂：《晚清官方的皇权观念》，第57—67页。

⑤ 王夫之：《礼记章句》，《船山全书》第4册，岳麓书社1996年版，第553—554页。

也。”（韩愈《原道》）不过，儒学始终存在着“内圣”与“外王”之间的紧张关系，这种紧张使儒学的影响在延续到民族危机深重的清末时，便发生了重要的变化。[①]

严复通过对西方自由主义思想的“误读”，用西方人所看重的民族国家利益的“公心”“民德”来反衬中国社会道德的狭隘；而接受了严复的影响，却又不想彻底放弃儒家思想的梁启超则提出了“新民说”，区分了“公德”与“私德”。他认为中国传统德治在促使个人道德完善上仍是有益的，只是在群体凝聚力这样的公德上没有发展。因此，需要在保留儒家修身原则的同时，通过“新民”来强化公德、强调群和集体主义。近代思想的这种转变成为新的“道统”兴起的重要基础。

宪法在西方的政治传统中与“有限政府”、法治观念、共和政体等概念相伴而生，在历史上也有十分漫长的演变过程。[②]大体而言，“宪法”一词在西方可以

① 萧公权：《中国政治思想史》（一），辽宁教育出版社1998年版，第57页。

② 张朋园：《中国民主政治的困境1909—1949：晚清以来历届议会选举述论》，吉林出版集团有限责任公司2008年版，第3页。

追溯到罗马时代的“constitutio”，该词大概是由西塞罗（Cicero）所创造，用来描述各种形式的政府或政治制度。十六、十七世纪的新教徒则开始用contract或covenant（这两个词都含有契约之意）的概念来阐释“宪法”一词。契约论（contract theory）促进了美国独立革命的发生以及欧洲革命运动中成文宪法的草拟。①于是，人们从霍布斯（Hobbes）、洛克（Locke）、孟德斯鸠（Montesquieu）、休谟（Hume）等人所开创的传统中，逐渐领悟到现代主权国家的一项至关重要的原则，即宪法的核心作用是限制君权及政府权力。②

晚清的立宪运动是在与欧洲不同的情势下进行的，支持立宪的维新派士人并不强调宪法对于政府的制约性，相反，当时有许多舆论认为宪法的功能在于创建一个强有力的政府，并且希望用宪法来融合人民与国家于一体，实现国家的富强。在对待皇权的问题上，官方认为立宪主义至少暗示了将国家与君主相区分的观念，新出现的观点认为国家乃是全体中国人的共同财产。

到1890年代为止，传统帝制仍保有其统治上的正当性，然而，在新的政治语言里，“专制”或“独裁政治”已不再为人接受。皇帝的角色不过是立宪的功能之一，宪法无论由君主所授，或者由人民公意而立，都要为朝廷创造一个新的正当性基础。对君主主权的限制，如果有的话，会是什么呢？从当时官员的奏折来看，有一种普遍的观点认为，即使君主政体出现在宪法之前，并且事实上是宪法的起源，但它还是受宪法的制约。这一观点常以语意含混的方式表达，以舒缓清廷的疑虑，诸如“虽君民上下同处于法律范围之内，而大权仍统于朝

① 王世杰、钱端升：《比较宪法》，中国政法大学出版社1997年版，第1—22页。

② 王人博：《宪法的概念》，《江苏社会科学》2006年第5期。

廷”。[1]

结语

1630年以后,明朝地方官甚至无法肯定自己的奏章能否送达京师,崇祯皇帝的帝国被瓦解成若干游动的地方军事政权。从这个角度来看,努尔哈赤的“洪业”其实是重新控制一个已被击溃的王朝。清末的历史基调大体上也是在寻求权力重建的模式,慈禧的训政、光绪的新政和继之而起的宪政都围绕着帝制传统展开。从历史延续性的角度来看,君主立宪的思想与道路也要在上述历史背景的延长线上来理解,换言之,立宪不能阻碍尊王与大一统的“古典”。

从世界史的角度来看,饱满健康的人文精神不是孤立地生于立宪的生活、忠君的生活、革命的生活,而是使人重新归于人的生活,且有生活的余裕。立宪派是以朝廷之心,问世界之大,再怎么问也冲不出皇权的包围圈。

帝制是一块飘动的面纱,细思量处,有江山如画;而革命却几乎在不经意间爆发,如一声压抑许久的叹息。宪政的时代,由惨痛的政治——军事失败打开序幕,袁世凯又以“亢龙有悔”为题为这个序幕铭上鲜明的中国式印记。虽然纷

① 《宪政编查馆资政院会奏宪法大纲暨议院选举法要领及逐年筹备事宜折——光绪三十四年八月初一日》,《清末筹备立宪档案史料》,第56页。

争不断，洪宪帝制仍像音乐会上的一声枪响，轰动当世。袁是真正懂得帝国奥秘的“臣”，亦是试图谋求大一统的“君”。在他之后，帝制真正寿终正寝。袁世凯成为“皇帝”这一物种的最后榜样，此后再无继承人。

袁世凯试图以帝制开启伟大的宪章时代，最后自毁长城。他没有留下逼人的光辉，但他的梦想、谋略与犹疑却一直困扰着这个国家的后辈。在远离袁可能到达的地方，他们又陷于孤立无助的境地。转折点出现在1919年，五四运动试图打破宗法社会的遗规，把中国文化拿到世界文化的场面上重新估价，这是立宪派、复辟派，甚至革命党都没有意识到的文艺复兴精神。从世界史的角度来看，饱满健康的人文精神不是孤立地生于立宪的生活、忠君的生活、革命的生活，而是使人重新归于人的生活，且有生活的余裕。立宪派是以朝廷之心，问世界之大，再怎么问也冲不出皇权的包围圈。他们对帝制有一种奇怪的情感，所以表现出谦虚的样子，把立宪制解释成客客气气的君主制。

约于礼——中国君主立宪思想的基调

1917年秋，康有为在复辟的炮声中静静地读着《春秋》，之后写下火药味十足的《共和评议》，“不媚于天子，而媚于庶人”的共和之病遂成为一代人的记忆。[①]在章太炎看来，民国亦不过是个“调剂敷衍，相忍为国”的乱局。[②]平心而论，康、章二人都不是遗老遗少，为什么会如此排斥新制度？君主制度已明显不合时宜，为什么还会有洪宪帝制运动？满族本身的复辟欲望，比较下来，算是淡泊，为什么？这些见解都曾引起无

① 汤志钧编：《康有为政论集》，中华书局1981年版，第1035页。

② 汤志钧编：《章太炎年谱长编》，中华书局1979年版，第370—372页。

休止的争论,我现在加以引证是为了实现一个朴实的目的:以清末的君主立宪思想为切入点,来思考宪法概念被中国人想象、改造乃至消费的历史过程。

一、百年前的宪法讨论

1906年初夏的一个黎明,因徐世昌的举荐,留日归来的曹汝霖得以面见慈禧与光绪,进言宪政之道。在《曹汝霖一生之回忆》中,他详细记述了这次百年前的宪法讨论:

> 至仁寿殿,殿内漆黑,稍闭眼,才见偌大殿座,只有两只大蜡烛在御案上……太后正坐,皇帝坐左侧,太后问:听说日本国会里有党派时常有吵闹的事?对:是的。因为政党政见不同,故议起事来意见不能一致。……但临到大事,朝议定后,两党(宪友会与进步党)即团结起来,没有争论了。臣在日本时,适逢对俄开战问题,争得很厉害,后来开御前会议,日皇决定宣战,两党即一致主战,团结起来了。太后叹了一口气说:唉!咱们中国即坏在不能团结!对:以臣愚见,若是立了宪法,开了国会,即能团结。太后听了高声问道:怎么着!有了宪法国会,即可团结吗?答:臣以为团结要有一个中心,立了宪,上下都应照宪法行事,这就是立法的中心。开了国会,人民有选举权,选出的议员,都是有才能为人民所信服的人,这就是领导的中心。……政府与国会,互相为用,只要总理得人,能得国会拥护,国会是人民代

表，政府与国会和衷共济，上下
即能团结一致。[①]

叙事的关键在于某种机智，即知道什么时候恰到好处，而"如果叙事要有历史意义的话，那么就得与其背景相交织"[②]。曹汝霖的回忆既没有壮阔的气势，也无意寻求所谓历史的意义，但或许正是这样的片段使那些"丢失了的历史"从细节中涌现出来。文本传达给我们的信息是，这次对话的焦点是围绕着立宪与"团结"的关系来进行的，有几个问题值得我们关注，其一，宪法首先是一个政治性的概念，而非法律概念。它是中国政治团结的中心，甚至可以说，宪法就是以一个以团结为中心的纲领性文件，它与限制权力的概念无涉。慈禧对立宪的忧虑在于"国会里有党派时常有吵闹"，而"咱们中国即坏在不能团结"。作为臣子的曹汝霖则认为"上下都照宪法行事"，便可团结。其二，皇权在宪法中的主导地位是毋庸置疑的，因为日本的经

宪法首先是一个政治性的概念，而非法律概念。它是中国政治团结的中心，甚至可以说，宪法就是以一个以团结为中心的纲领性文件，它与限制权力的概念无涉。

① 曹汝霖：《曹汝霖一生之回忆》，传记文学出版社1980年版，第50—51页。

② [美]魏斐德：《讲述中国历史》，载《史林》2001年第3期，第1—11页。

验是取法德国重君权的宪法体制，而中国正是以日本为借鉴的对象。其三，对权力分立制衡的淡化或者说回避。政府与国会的关系是“和衷共济”，这样才能“上下团结一致”。其四，宪政改革以朝廷为主导，是自上而下进行的改革运动。政治参与的问题并不为上层统治者所关注。[①]其五，政治的基础仍然是传统的德治主义和精英主义模式。议会及选举制度并不是在西方的“民主”意义上被理解，而是“为人民所信服的人(选贤与能)”进入政治设立通道。

宪法所提供的法律秩序如果要发生作用，还要依赖在政治和文化上统一的中国，而这个中国在本质上还是一个由“治者与被治者”构成的帝国。即使是当时新出现的观点，如国家乃所有中国人共同的财产，也与传统有着千丝万缕的联系。孔飞力(Philip A.Kuhn)针对这种观点的社会根源进行了分析。首先，在太平天国之乱后，在野的精英加入了公共生活，创造了一个新的社群观念。其后，清朝的新政提供了一种新的方法，让人们可以在官僚体制之外取得权力和名

① 当时舆论对清庭的这种做法曾有尖锐的批评，如1906年《中国新报》上刊载的《新官制评论》一文就认为：“在世界之立宪国，当其由专制政体而改为立宪也，皆其国民有以造成之故，其立宪国国民之地位，非离乎国民而别有人焉授与之者也。今不闻我国民谋自建设立宪政体，而立宪之说反自政府倡之，世界安有人民不自谋立宪，一切任政府之所为，而立宪国家，可以成立者乎？彼政府者，微论其不必果欲立宪也，即其欲之，殆亦不耕而求获耳！矧现政府之立宪议，固不必果有是心乎，微特无是尽也，彼又将藉此以坚一般人民望之待之之心，而因以假改革之名，唯所欲为攫夺吾人民一切之权利，不唯不触人民之怒，而欲以博人民之欢心焉。是故政府主倡立宪之结果，适足愈巩固其专制势力耳。人民不知自谋，彼亦何乐而不为此者，而顾欣欣然望之，望之不已，而又待之。呜呼！此吾所以悚悚然危也。”参见熊范舆《新官制评论》，载《中国新报》第1期，光绪三十二年十二月。

位。[①]20世纪初，商人、乡绅、出身新式学堂的人以及回国的留学生，得以在新的国家中找到立足点；同时，地方组织也得以在地方自治计划中得到了相应的地位。孔飞力阐明的问题是，在这一社会转变过程中，地方士绅如何从乡土社会晋身到全国的层次，从而参与国家现代化的计划，但他无法解释君民融合一体观的独特魅力。事实上，革命派、立宪派、地方士绅，甚至清廷的官员，都共享一种现代民族国家融合一体的神秘观感。[②]

二、"无力"的立宪派

中国思想的内发性发展观已被学界广泛接受。如日本学者岛田虔次就认为，到了清末，受到欧洲民主主义、立宪主义的刺激，出现了改革的声音。此后呼唤起孙文革命论的康有为、梁启超的

① Philip A.Kuhn, *Origins of the Modern Chinese State*, Stanford: Stanford University Press, 2002, pp20-45.

② Chang P'eng-yuan, *Constitutionalism in the Late Qing: Conception and Practice*, 载《"中央研究院"近代史研究所集刊》第18期。

变法论，考虑其产生的形态，如果除去欧洲起源的诸要素，主要就是根据《明夷待访录》和公羊派（今文经学）的思想。也就是说，把继承了中国传统的儒教思想的发展，看作它的“骨架”。[①]以康有为为代表的今文学派奉行所谓的“孔子为先知”说及其相关的“一元直线历史进化观”，[②]在对抗“全面彻底”现代化或西化问题上，可以说是中国内部生发出来的最有效资源。[③]

清末公羊学者的最大创意是设计出一种具有创造性的新认知结构，其变易思想及“三世”演化的观点兼具诠释古史和规划未来的功能。[④]不过，陈志让和列文森都指出1895年前儒家思想在文化上的绝对优越性，西方文化只能屈居于“实践”的位置上，其人伦、文字皆不如中国。[⑤]清廷的自强政策，除了给予中国近三十年的对外和平与内部秩序，还大大地修正了儒家的世界观与政治基础，即承认另一种文化的存在和儒家思想的不足。[⑥]当时的“中体西用”论者与“西学中源”论者的认知方式都是基于这样的一种儒家式的观点，即无论如

---

① ［日］小野和子：《明季党社运动考》，李庆、张荣湄译，上海古籍出版社2006年版，第1—2页。

② ［日］小野川秀美：《晚清政治思想研究》，时报文化出版事业有限公司1982年版，第88页。

③ ［美］沙培德：《中国保守主义思想根源中的立宪主义与儒家思想——外来政治模式与民族认同相关之研究》，载中国社会科学院近代史研究所编《近代中国与世界：第二届近代中国与世界学术讨论会论文集》，社会科学文献出版社2004年，第97—115页。

④ 孙春在：《清末的公羊思想》，台湾商务印书馆1985年版，第260页。

⑤ ［美］列文森：《儒教中国及其现代命运》，郑大华译，中国社会科学出版社2000年版，第49页。

⑥ ［加］陈志让：《中国寻求政治模式的历史背景》，载《中国现代史论集》（第一辑），联经出版事业公司1987年版，第276页。

何,“中体”是完整的、自足的、不假外求的、自我超越的。它无法授受西方比中国进步这一事实,以至于许多读书人费尽功夫在经典中推求西方事物的中国根据。[1]

对于自强运动后的两次大变革,身为宪政编查馆“起草课委员”的曹汝霖曾惋惜地评价道:“戊戌维新百日虽未成功,至今传诵,慈禧九年立宪,喧传一时,终成画饼,实因前者是有新锐之气,后者已有迟暮之感耳。”[2]这种新锐之气在思想上来自传统内部,若要有一个系统性的渊源,那就是清末的公羊思想。凭着对公羊思想的“解释性创新”,当时的知识分子以传统的模式,对西方的“素材”做出了最强有力也是最后一次经学式的回应。[3]清廷的自强政策亦仍以经学内的“制度”“历史”“政制”等概念去统摄西方的技术性“素材”:客观认知的精神。这表明传统学术极强的政治性,更表明

① 全汉晟:《清末的西学源出中国说》,载《岭南学报》第四卷第二期;《清末反对西化的言论》,载《岭南学报》第五卷第三、四期合刊。

② 曹汝霖:《曹汝霖一生之回忆》,传记文学出版社1980年版,第53页。

③ 孙春在:《清末的公羊思想》,台湾商务印书馆1985年版,第260页。

改革派最初的保守主义基调：对体制本身的变革，必须植基于中国过往之深层结构。[①]相应地，改制受挫的原因也来自体制内部的“政治结构本身”：

> 皇朝体系充斥着个人恩怨与党派冲突、苦于行政的无能与腐败，加上接踵而至的内忧外患，正一步步走向崩溃的末路。它无法提供有利的条件来完成任何对自身有积极利益的事；变法这剂特效药无补于垂死的王朝……一个高贵的理想注定要变成为一个失败的目标。[②]

这一点可以从戊戌政争的某些细节中看出端倪。康、梁在戊戌政变中与袁世凯结怨。康有为一度养侠士谋除慈禧，梁启超也在朝中拉拢良弼、铁良以打压袁世凯。庚子以后，虽然慈禧与袁世凯都赞同改革与立宪，但仍然排挤康、梁。慈禧、光绪死后，康、梁与袁世凯的斗争继续进行。[③]梁启超通过拉拢载沣，一面建议宣布袁世凯罪状，明正典刑；一面建议宣统元年元旦（1909年1月）颁诏表明立宪决心。1909年3月又下谕旨令各省成立咨议局，京外大员认真办理预备立宪事宜，甚至把反对立宪的陕甘总督升允开缺，以示立宪决心。[④]如果清廷按照预备立宪程序施行宪政，袁世凯并没有机会再排

① ［美］沙培德：《中国保守主义思想根源中的立宪主义与儒家思想——外来政治模式与民族认同相关之研究》，第97—115页。

② 萧公权：《翁同龢与戊戌维新》，联经出版事业公司1983年版，第141页。

③ 张玉法：《清季的立宪团体》，台湾“中央研究院”近代史研究所1971年版，第354—356页。

④ 胡绳武、金冲及著：《论清末的立宪运动》，上海人民出版社1959年版，第33页。

挤康、梁。但由于武昌起义的爆发，清廷重新起用袁世凯，这给康、梁利用朝中力量推行宪政的努力以致命打击。梁启超从日本赶赴奉天时，曾试图说服张绍曾、蓝天蔚等人的新军阻止袁世凯入京，遗憾的是，这些努力都不成事。[①]

民国初年，形成同盟会、北洋军阀、黎元洪三足鼎立之势。一向与同盟会处于竞争地位的立宪派必须在袁与黎之间做出选择。对当时的政局，立宪派有这样的认识："吾国将来毫无阶级，纯系平民政治，然同平民，各党相持又无可判其胜负，于是不得不挟其军队以卫其主义，故吾国之政治可名之曰平民的军队政治。"[②]基于此种认识，徐佛苏等主张加入黎元洪一派，因为"黎系军队要人"；而张君劢则力主联袁而组党："袁氏为人诡谲多术，颇不易合。惟联合之目的，并非在争政权，藉其势力以发展吾党支部于各省，数年之后，虽欲不听命于我，安可得焉。"[③]1912年2月13日，袁世凯当选

① 胡绳武、金冲及著：《论清末的立宪运动》，第50页。

② 丁文江、赵丰田编：《梁启超年谱长编》，上海人民出版社1983年版，第365—371页。

③ 丁文江、赵丰田编：《梁启超年谱长编》，第372—373页。

大总统，梁启超当日便致函阐释其“开明专制”策略：“善为政治者，必暗中为舆论之主，而表面自居舆论之仆，夫是以能有成。今后之中国，在共和国非居服从舆论之名，不能举开明专制之实，以公之明于此中消息，当已参之极熟，无俟启超词费。”[①]

对此，陈志让的总结颇具说服力：君主立宪派虽然与任何政治流派都没有什么深仇大恨，但一直无法形成一个有实力的集团，而北洋派“无党之名，有党之实”，其实力远在同盟会之上。[②]遗憾的是，二者都未能实现精神救济者与权力持有者的合而为一，事实上，在此之后的中国亦一直受此种分离之苦。[③]最敏感于此种痛苦者是一个自称圣人的书生康有为。

三、“老臣”康有为

在康有为看来，伟大的人如孔子用不着学术权威或历史证据来证实其学说，因为他够资格创教与改制。[④]作为一个人乌托邦式的哲

① 丁文江、赵丰田编：《梁启超年谱长编》，第379—382页。

② ［加］陈志让：《乱世奸雄袁世凯》，第228页。

③ 近藤邦康提醒读者深究中国思想史上的几个“分离”：其一，孔子作为教主是绝对的，作为一方布衣则是相对的，所以，必须“托古”以“改制”。这样孔子就有了“志”“意”与“事”“制”的分离：其“志”“意”在于“太平”“大同”，其“事”“制”不得不立“拨乱之制”。其二，康有为在戊戌变法前说，中国正处于“小康”向“大同”之世的转变中，而变法失败后，他却认为中国还处在“据乱”之世，应向“升平”之世转变，“太平”“大同”之世被无限期地推向了彼岸世界。康氏的“三世说”在观念上存在着这种分离的因素。其三，精神救济者（素王）与权力的保持者（皇帝、军阀、领袖等）之分离。参见［日］近藤邦康《救亡与传统——五四思想形成之内在逻辑》，丁晓强等译，山西人民出版社1988年版，第14页。

④ 萧公权：《康有为思想研究》，汪荣祖译，新星出版社2005年版，第65页。

学家，康有为是超越儒家的，作为一个改革家，他仍在儒家的范围之内。史家评论康氏对儒家经典的解释是“当时为适应时代的新问题所作的最严肃的努力”。但儒家并不能预先知道近代的问题，所以康氏又被冠以“武断与牵强”之名。为此，他甚至遭到御史朱一新的弹劾，指责他任意驱策圣人。[①]不过康有为有他自己的逻辑，而且，同样是沿着儒家的路径前行。他引申儒家的经文，把平等、自由、共和与宪政等概念注入儒学，而不是仅仅用儒学来阐释它们。他常以公羊家的学说来解释政治事物，这种解释值得明察。他在《论语注》中写道：“春秋之义，有据乱世、升平世、太平世”，“一世之中可分三世，三世可推为九世，九世可推为八十一世，八十一世可推为千万世、无量世……有乱世中之升平、太平：有太平中之升平、据乱”。

作为一个人乌托邦式的哲学家，康有为是超越儒家的，作为一个改革家，他仍在儒家的范围之内。

康氏认为这三世中的每一世都应该有它相应的政治制度：绝对王政适于据乱世，君主立宪适于升平世，共和制度适

① 朱一新：《朱待御答康有为第四书》，叶德辉编：《翼教丛编》，沈云龙主编：《近代中国史料丛刊第六十五辑》，台北：文海出版社1966年版，第29—36页。

于太平世。所以，在不同的时代应该根据现实的需要变法改制。中国人在专制制度下生活了几千年，既无能力也无欲望取得政权。最安全的做法是尽量利用现存的制度与设施为大转变做准备，这就是君主立宪的逻辑。[1]对于宪法，康氏也秉承公羊学说，谓《春秋》有“大义”与“微言”二法。大义者，孔子所著据乱世之宪法而施行于君主专制天下者也：

孔子以匹夫制宪法，贬天子，刺诸侯，故不能著之书而口授弟子。师师相传，以待后世。故待口说以传。今董仲舒、何休之传口说，所谓不成文宪法也。在孔门谓之微言，则多为升平、太平世之宪法也。(《论语注》卷二)

很明显，康氏对源于英国的不成文宪法进行了儒家式的解释，甚至有牵强附会之嫌。概念的明晰并不是他的追求，如何让新的概念融入传统才是他努力的方向。同样，对于议院这一西方概念，康氏也以孟子的民本学说来阐释：

孟子特明升平授民权，开议院之制。盖今之立宪体，君民共主法也。今英、德、奥、意、日、荷、葡、比皆行之。左右者行政官员及元老顾问官也。诸大夫，上议院也。一切政法以下议院为与民共之。……民者如店肆之东人，君者乃聘雇之司理之人耳。民为主而君为客，民为主而君为仆。故民贵而君贱，易明也。众民所归，乃举为民主。如美、法

① 萧公权：《康有为思想研究》，第147页。

之总统得任群官，群官得任庶僚。所谓得乎邱民为天子，得乎天子为诸侯，得乎诸侯为大夫也。今法、美、瑞士及南美各国皆行之。近乎大同之世，天下为公，选贤与能也。孟子已早发明矣。(《孟子微·总论》)

面对西洋的立宪政体与议院制度，康有为并没有表现出备受刺激的自卑感，反而显得信心十足。他的信心源于中国传统的民本思想和大同观念(共治共享)，也源于对中国古代公私观的独特体认。民之私与礼之公在如下表述中获得一种古典式的确认：

夫天生人必有情欲，圣人只有顺之，而不绝之。然纵欲太过，则争夺厌，故立礼以持之，许其近尽，而禁其逾越。尽圣人之特作，不过为众人持情而已。(《礼运注》)

康有为以一种变动的眼光来看待

"礼"。圣人制礼以节人，但仅仅是"为众人持情而已"，换言之，礼不过是满足民众欲望的一种手段。孔子制礼，是为了满足"据乱"世向"小康"世过渡时代的民之私，相应地，在向"大同"世过渡的今天，固执其"礼"则有违圣人之意。[①]康氏视民为一种非自主性的存在，而自己则是如孔子、耶稣、佛陀般的救世主，由此形成一种"圣人—人民"统治模式。所谓志士无一物，欲使天下一。在康有为身上，士大夫心态并未因新思想的影响而削弱，相反，王朝体制的理念却进一步强化了这种态度。

书斋是个小而完美的世界，有时要把它打破，才能释放政治行动的大力，"内圣外王"的逻辑大抵如此。康有为深明此理，中国更需要这个逻辑。但处在不可动摇的特别不逻辑的世界里，离开万木草堂的康有为注定无法完美谢幕。孔子"创教"的时候，所处的时代年轻，与清王朝相比，康有为却太年轻，临池的功夫明显不足。1927年2月15日，过完70大寿的康有为开始写他一生中最后一段文字：一份感谢逊帝溥仪送来生日礼物的长篇谢恩折。书写的方式完全依照前清礼制，凡提到天的，一律比正文高出三字，凡提到皇帝称谓的，高两字；他自称"老臣""微臣"，凡提到自己时，字写得都很小。同年3月的最后一天，康有为把他的前清朝服铺在床上，依礼沐浴后，在朝服旁正襟危坐，半小时后离世。[②]康有为的谢恩折和死亡仪式并不仅仅是怀旧情绪的体现，其意味深长之处在于某种象征性：谢恩折的行文方式向世人证明传统的影响力与延续性。对于中国人而言，政治的

---

① [日]近藤邦康：《救亡与传统——五四思想形成之内在逻辑》，第9页。

② [美]史景迁：《天安门——知识分子与中国革命》，尹庆军等译，中央编译出版社1998年版，第202页。

真正素质在于它的书写方式必须对集体想象力产生强大影响,以至于字字不可替代。无论在过去或未来都会被记住,并且一出现就会被认出。

对于中国人而言,政治的真正素质在于它的书写方式必须对集体想象力产生强大影响,以至于字字不可替代。

不幸的康有为,因为尊孔、忠君和立宪而不幸,我们不知道其中的哪一个造成了最大的不幸。《尚书·洪范》创造了一种理念的样式,康有为也试图创造一种理念的样式,为我们提供与生存的混乱对等之物,可惜并未成功。无论如何,他丰富了中国人对于政治生活的想象力:他仿效孔子,"历经三十一国,行道六十万里,出亡在外,十有六年"[①];他把儒教的遗产调教成一种与西方政治文化相近却又有些令人费解的格调,试图以"国魂"为精神秩序战胜世界的混乱;他倡言君主立宪,大同社会,世界主义,"独自努力为人类建一目标,为历史赋予意义",展现出独特的中国观与世界观。[②]对当代人而言,康有为已成为某种"古典"的符号,经由这一符号的提示,历史书写者或许可以明白如下道理:清末以来的宪

① 汤志钧编:《康有为政论集》,第1125页。

② 萧公权:《康有为思想研究》,第406页。

政史不应当只是革命者及其伟大生涯中各种事件的历史，也不仅仅是守旧势力匪夷所思的欲拒还迎策略，而是政制缔造者和消费者乃至反对者的“人”的历史。[①]人事历然，天道有疑。康有为的人生便是一部作品，它告诉我们世间顶好的事物往往出于私情，原不是拿来教人的。文明不必自卫，卫道与护法亦不过是丧气话。中国的过去是有个王道荡荡，亦有个义气江湖，这个江湖水深浪阔，蓄得了鱼龙。

四、一个旧标准：天下为公

“一切礼乐政法，皆以为民也。但民事众多，不能一一自为。公共之事必举公人任之。”这是康有为对民本政治的概括。在中国的典籍里，统治者与被统治者关系的理想式样被设定为近乎神话的“父母—赤子”。《尚书》的《洪范》篇说：“天子为民父母，以为天下王”，《康诰》篇则说“若保赤子惟民其康乂”，便是这种式样的表述。于是“尊君保民”成为周代官方主导的政治话语，这也是整个《尚书》不断重复的主题。

---

① 民国初年，政制与宪法皆不成款式。由于派系政争、宗族主义、地方主义等因素的影响，个人较之于制度更能左右时局的发展。因而，民国人物及其关系的复杂性可能是民国史研究的突破口。举例而言，康有为、梁启超、陈炯明等倾向于借用古人立场来处理今日危机，而孙文、廖仲恺等则站在革新立场，以相对自由的姿态与传统保持距离。相对而言，袁世凯、杨度、鲁迅等处于更为复杂的立场，他们虽都拥有传统式的教育，但并未把参加科举考试当作缙绅之阶；他们虽没有强烈的回归传统的愿望，但传统思想与行为方式不时出现在其言行中。简而言之，洪宪帝制、五四运动的复杂性象征性地代表了民国初年文化与政治的独特风貌。参见[日]山田辰雄《近代中国人物研究》，《文汇报》2011年9月19日第11版。

“民本”一词最早见于《尚书·夏书》的《五子之歌》:“民为邦本,本固邦宁。”《诗经·大雅》的《烝民》中也有这样的话:“天生烝民,有物有则,民之秉彝,好是懿德。”这是对“民为邦本”论的进一步的说明。在前儒家的典籍中,“民”被描述成国家的基本人口以及统治的对象。《春秋左传》鲁文公十三年(公元前614年)邾文公说:“天生民而树之君,以利之也。民既利矣,孤必与焉。”这也仅仅陈述了一个基本的事实:人民构成了国家的基础和统治对象,而且其人口数量庞大。《春秋左传》襄公十四年(前559年)晋师旷说:“天生民而立之君,使司牧之,勿使失性……天之爱民甚矣,岂其使一人肆于民上,以从其淫而弃天地之性?必不然矣!”

美国学者艾兰“观水有道”。在《水之道与德之端》一书中,她对中国古代“人”的观念有精妙的阐释。在艾兰看来,西方人在动物与植物之间有着明显的区分,而在中国人的概念体系中,动植物同被归于“物”这一范畴。因为植物生长与再生是“物”这个概念的关键所在,于是，植物生长的原则从植物自身扩展到对所有生命的理解，当然也包括人。相应地，人不是欧洲所谓“理性的动物(reasoning animal)”，而是恰当培养后便可生长成熟的具有特定潜质的生物，并且是万物之中独具“心”的物。因此，唯有心的充分发展，人才成为完全意义上的人。

古代中国人确信，思维活动发生于心脏而不是大脑。“心”是身体中能思考与感觉的器官，它使人与动物相区别。所以按照《孟子》的说法：“耳目之官不思，而蔽于物。物交物，则引之而已矣。心之官则思……”(《告子上》)

心的最初意象是一池静止时可以清澈照人的水。心也可以在一个确定的方向运动，这种有意而为的运动被称为“志”，如《论语·里仁》所说：“士志于道。”当人民归向某一君王时，那是由于他们“归心焉”(《论语·颜渊》)。儒家理想中的统治者被当作圣王来治理国家，这就是所谓的仁政之路。他存德养性，以便能培育人民的心灵，如水之滋养植物。结果，万民心向于他，忠诚不二。另外，道家的圣人“无为”，不像儒家那样强调对意志的指导，而是让它自由地循道而行，却无意中抚育了天下。[①]

儒家把“民为邦本”的表述提升为一种民本主义的意识形态。[②]《孟子·尽心下》孟子曰：“民为贵，社稷次之，君为轻。是故得乎丘民为天子。”与《春秋左传》相比，《孟子》所改变的只是问题的叙事方式，用“民贵君轻”的价值判断代替了“天生民立君”的事实陈述，这种改

① [美]艾兰：《水之道与德之端：中国早期哲学思想的本喻》，张海晏译，上海人民出版社2002年版，第93—109页。

② 王人博：《民权词义考论》，载《比较法研究》2003年第1期，第5—25页。

变蕴含了儒家“认真看待民众的温饱”的意识形态，它为中国的王权统治提供了基本的合法性（Legitimacy）。[1]而在沟口雄三那里，这种民本思想是一种蕴含着“乞求”意味的君主思想：

> 自古以来的所谓民本，主要是指君主单方面自上而下地施惠于民……因此，民只能把命运寄托于君主的仁德或被包容于君主的裁决之中……换句话说，由于民要的治政全靠君主的仁德，所以古来的民本思想实质上是君主思想，全能(almighty)在君主方面。更尖锐地说，民本思想是君主方面为了柔和地(flexible)维持其专制政治并使之再生的一种安全阀(valve)的思想。从民的方面来说，民本思想客观上很容易演变成恳求君主施恩

① 王人博：《民权词义考论》，第5—25页。

的一种乞丐思想。[①]

君主立宪的缘起恰恰是以上述观念为基调的权宜之计。在康有为的观念中,庶民是无智慧的特殊称谓,对于普通百姓的智慧,康氏并没有信心:

> 民不可使知,故圣人之为治,常有苦心不能语天下之隐焉。其施于治也,意在彼而迹在此,不能无畸轻畸重之迹焉。其始为也,可以犯积世之清议,拂一时之人心,蒙谤忍垢而不忍白焉……其操纵启闭,当时不能知,后世亦或不能知。(《康子内外篇·阖辟篇》)

如萧公权所说,康有为的立场极似法家。万物无主,有力者主之,这是康氏所遵循的原则:

> 人事之义,强弱而已矣。有以力为强弱,有以智为强弱……势者,人事之祖,而礼最其曾玄也。(《康子内外篇·势祖篇》)

事实上,民为统治之本的观念与天道的"公"的观念相伴而生。据沟口雄三的考证,与民之"自营"的"私"相对的"公"有两种含义:(1)《韩非子》解释为"背私",即开围之意,由此演绎出与众人共同的

① [日]沟口雄三:《中国前近代思想的演变》,索介然、龚颖译,中华书局2005年版,第259页。

共，与众人相通的通。《说文解字》把它解释为“公，平分也”。(2)由《诗经》的用例类推，由“共”演绎为众人的公共作坊、祭祀场所等公宫、公堂，以及支配使用它们的共同体首领。在统一国家成立之后，“公”成为与君主、官府等统治机构有关的概念。[①]之后，公的概念开始了从公堂、公门、朝廷、国家这样的共同体之公到政治领域之公的演变，这一过程可以用《礼记·礼运》中阐述大同之世的一段为例证：

> 大道之行也，天下为公。选贤与能，讲信修睦，故人不独亲其亲，不独子其子，使老有所终，壮有所用，幼有所长，鳏寡孤独废疾者，皆有所养，男有分，女有归，货恶其弃于地也，不必藏于己，力恶其不出于身也，不必为己。是故谋闭而不兴，盗窃乱贼而不作，故外户而不闭，是谓大同。

① ［日］沟口雄三：《中国公私概念的发展》，载《国外社会科学》1998年第1期，第59—70页。

这样的大同之公，几乎是共同体内平均分配之极致。[①]而这种无私性也与君主治国的无私性相联系，《吕氏春秋·贵公》一节，恰好可为例证：

> 昔，先圣王之治天下也，必先公。公则天下平矣。平得於公。尝试观於上志，有得天下者众矣，其得之以公，其失之必以偏。凡主之立也，生於公。故《洪范》曰："无偏无党，王道荡荡。无偏无颇，遵王之义。无或作好，遵王之道。无或作恶，遵王之路。"天下，非一人之天下也，天下人之天下也。阴阳之和，不长一类；甘露时雨，不私一物；万民之主，不阿一人。

天下承平之时，恩惠遍及万民。天地之惠并不偏于一类一物，而一同遍及于万物。所以，"天下，非一人之天下也，天下人之天下也"。汉代人郑玄就《礼运篇》的"天下之公"作注时说："公犹共也，禅位授圣，不家之睦亲也。"唐朝的孔颖达也承传此意："天下为公谓天子位也，为公谓揖让而授圣德，不私传子孙，而用尧舜是也。"他虽然强调"公犹共"，但并不主张天下为公，而解释为对天下而言君主为公。简而言之，是把公集中于君主一人之德性，王者于是成了可以做天下人知己的那个人。沟口雄三认为这一解释说明《礼运篇》的平分之意并非指一般的平分，而是局限在政治范围之内。吕不韦所谓的"公"同样也指君主一人的德性。汉代的贾谊在"人臣者，主耳忘身，

---

① [日]沟口雄三：《中国与日本"公私"观念之比较》，载张中秋编《中国法律形象的一面：外国人眼中的中国法》，法律出版社2002年版，第311页。

国耳忘家，公耳忘私……”(《汉书·贾谊传》)中强调的也是此意。于是，对君臣秩序的强烈要求成为中国自汉代起的思想主流。[1]这种公私概念上的中国式观念在进入宋代以后，与天理、人欲的概念相结合，迎来了新的阶段。原本仅指君主一人的政治道德，飞跃式地横向扩大到普通的一般人(实际上以士大夫阶层为中心)，内部从个人的精神世界，外部到与社会生活相关的伦理规范，即宋学所谓天理之公、人欲之私的普遍命题。[2]

对于上述问题的思考，得益于沟口雄三先生的卓越解释：

> 大概中国的近代思想是出自共同体式(如万物一体的仁)的大同思想，而天、理、自然、公诸概念则是这个共同体的表象，在中国的近代中，没有“个我自立(作为个体的我)”的思潮，与此相反，它以独立的共和革命和人民革命为近代，并据

---

① [日]沟口雄三:《中国公私概念的发展》，第59—70页。

② [日]沟口雄三:《中国公私概念的发展》，第59—70页。

此以展望将来。[1]

康有为有时把君主立宪称为“君主之仁政”，有时称作“君民共主”，这种做法无疑是对上述思想背景的响应。改革事业不能抛开那个能做天下人知己的君主，因为“天下为公，一切皆本公理而已。公者，人人如一之谓”。(《礼运注》)君主立宪实际上是从一君德治的君主主义过渡到分权公治的君主主义。君主虽已落后于三世演化与民主之公理，但毕竟是万民之一分子。在共和之前，中国必须经过君主立宪的过渡阶段，君主这一既存之物确实是中国的负担，但“在情况成熟前急求进入较高的政府形式，与维持失去效用的过时制度一样危险”。如萧公权所说，这是理解清末君主立宪思想的一个基本前提。[2]

五、“治天下之具皆出于学校”

在洋务运动向变法论过渡的过程中，“开言路”是追求政治变革的士大夫们集中关注的问题。人们认识到，为了国家的富强，不仅要导入技术，还有必要变革政治体制，这样的认识与人们对西洋议会制度的关心程度适成比例。[3]最初的论说有汤震的《危言》和陈虬的《经世博议》。他们二人都建议，为了“开言路”，当使都察院相当于议会。汤震主张上级官僚属军机处，下级官僚属都察院，应当使之发挥

① [日]沟口雄三:《中国前近代思想的演变》，第50页。

② 萧公权:《康有为思想研究》，第136页。

③ [日]小野川秀美:《晚清政治思想研究》，第1—32页。

上下两院的功能。而在陈虬看来，应在北京设都察院衙门，选六部练达公正之士，使之具有一院制议院的性质。在既存制度的范围内想要追求“开通言路”的主张，最先被想起的，正是把六科和都察院的言论反映到政治上的设想。这些论说都没有离开清朝固有的政治体制，如果寻求这些尝试的渊源，那么最直接、最近的源头是明末的东林党运动。[①]

在东林党那里，能与议会相当的机构并没有提上议事日程。不过，寻求言论通道的种种探索已经开了近代的先河。从思想史的角度来看，对议院的中国式理解要追溯到黄宗羲(1610—1695)的观点。[②]《明夷待访录》在中国政治史上是屈指可数的最高杰作之一。所谓的儒教政治理论，在这本书里得到了最大限度的展开：

使天下之人不敢自私，不敢自利，以我之大私为天下之

① [日]小野和子：《明季党社运动考》，李庆、张荣湄译，上海古籍出版社2006年版，第134页。

② [日]小野和子：《明季党社运动考》，第1页。

大公。……古者以天下为主,君为客,凡君之所毕世而经营者,为天下也。今也以君为主,天下为客,凡天下之无地而得安宁者,为君也。……然则为天下之大害者,君而已矣。向使无君,人各得自私也,人各得自利也。……而小儒规规焉以君臣之义无所逃于天地之间,至桀、纣之暴,犹谓汤、武不当诛之,而妄传伯夷、叔齐无稽之事。(《原君》)

学校,所以养士也。然古之圣王,其意不仅此也,必使治天下之具皆出于学校,而后设学校之意始备。……天子之所是未必是,天子之所非未必非,天子亦遂不敢自为非是,而公其非是于学校。……郡县学官,毋得出自选除。郡县公议,请名儒主之。自布衣以至宰相之谢事者,皆可当其任,不拘已任未任也。其人稍有干于清议,则诸生得共起而易之,曰:"是不可以为吾师也。"(《学校》)

对传统政治最高原则的强调是这个文本的意义所在。归根结底,无论是君是民都不可忘记政治必须为人民这个大原则。学校是为了"养士"而存在的,但古代圣王设置学校的目的绝不仅仅为了养士,事实上,"治天下之具(根本性、具体性的各种方策)皆出于学校"。于是,天子的是与非在学校或者书院这样一个"讲会""议论"的场所接受指摘。明末东林派兴起的时代,书院里的这种"自由"的风气,确确实实是以东林、复社为了言论自由的斗争为背景而酝酿起来的。到了清朝末年,不管是地方规模的建议,还是国家规模的讨论,在提及西洋的议院或在中国建设这一新的制度时,首先让人想起的,正是《明夷待访录》的上述观点。这一观点也是沟口雄三在《中国前近代思想的演变》一书中力求揭示的问题："天下"万民的"全体生存"问题是中国近代思想的基本课题，而这一主要关切在明末就已经形成，相应地，中国近代思想的独特性格体现为共同体优先的政治原理。[①]

六、"皇上万岁、宪法万岁"

文化意味着一种同质化的危险。不过，在政治领域里形成的共同体观念恰恰是传统中国思想的一大特色。日本学者岸本美绪把这一结构称之为"社会与国家"的同心圆连续体：

> (传统中国)秩序空间的形象是，国家(以皇帝为顶点的官僚机构)和社会(民间社会集团及更不确定的人的关系网等)共同怀有维护全体社会安定秩序的实质性目的，这是一幅没有裂缝的、关联密切的秩序空间的图像。……从这一出发点

① [日]沟口雄三：《中国前近代思想的演变》，第530页。

看，国家层次的等质秩序并不是从一开始就形成的。但是，血缘、地缘等社会集团并没有造成完整的法共同体，绅士与地方官，乃至皇帝，均向德高望重者的情理判断开放。“修身齐家治国平天下”这样的经典语句中所见的同心圆状的连续性，可以说提供了中国秩序像的原本形象。①

按照这一逻辑来推论，传统中国的民间社会，既不是只受国家支配的非自立存在，也不是自立于国家之外的自我完善的秩序空间，而是通过共同秩序观念与国家体制连接起来的连续体。这样的结构体现出“家—国—天下”这一连续体上所见到的统一性，表现于制度上是一种共同体优先的礼法秩序。它同心圆式地波及从家庭、宗族、乡党的地方社会，到以官僚为媒介的中央朝廷的国家，即共同体领域的每个角落。

从政治史的连续性来看，清末以来的重大政治变动，不管以什么名义来称呼，都可以归结于某一政治势力的自上而下的统治。清末

① [日]岸本美绪：《比较法制史研究与中国社会像》，载《人民的历史学》，东京历史科学会，1993年7月，第116页。转引自[日]沟口雄三《中国与日本“公私”观念之比较》，载张中秋编《中国法律形象的一面：外国人眼中的中国法》，法律出版社2002年版，第321—322页。

的宪政改革曾经营造出“皇上万岁、宪法万岁”[①]的全民感觉，然而，这种宪法感觉并不意味着民众有创造政治语言和生活的力量，而是指政治事物由统治者替民众制造，并为民众所消费这一事实。

君主立宪派试图在传统的连续性的基础上，或者经过对传统的再解释来改造宪法。戊戌变法的过程表明，君主立宪并没有被设想为民主以外的一个选择，而是中国第一个民主设施，如梁启超所说，它是经由“开明专制”迈向民主的过渡阶段。人们普遍认为立宪的最大困难在于：要在既无需求也无能力自治的人民中建立“民治”，唯一的解决之道是由精英分子来训练人民实行民主。这种努力的结果是，一方面，宪政话语的生产从一开始就确定了自上而下的历史基

宪法在本质上依然是“天朝之物”，受“中国性”制约。

① 1906年1月11日，出洋考察宪政的戴鸿慈等来到檀香山，戴在日记中描述了清末立宪的巨大效应：“至领事署，延见众商及各学堂男女教习暨诸学生，演说勉励数语，群唱爱国歌，呼‘皇上万岁’者三、‘宪法万岁’者三……其希望立宪之热诚，溢于言色，亦足见海外人心矣。”在民族主义兴起的欧洲，它是人类寻求不朽的宗教努力失败后最强大的意识形态。与“民族”这一概念的建构性相比，宪政乃至宪法万岁的全民感觉缺少构造历史的影响力。民族概念的引入确实形成了一种民族主义话语，并且参与了中国近现代历史的构建，而宪法概念及制度的引进则往往演变为政治斗争的工具。参见戴鸿慈《出使九国日记》，陈四益点校，湖南人民出版社1982年版，第64页。

调，相应地，宪法在很大程度上是依附于中国社会的“欧洲玩意儿”（恰如传教士手中展示的西洋钟表），而不是支配中国社会的“法”。宪法的功能被限定在“一人之下，万人之上”的场域中，其作用是弥补使君主与人民相脱离的巨大断层。于是，对宪法的中国式改造集中表现在1908年《宪法大纲》中的表述：“大权统于朝廷，庶政公诸舆论。”这意味着宪法只能在君主制的框架内制定并被传统规定，换言之，宪法在本质上依然是“天朝之物”，受“中国性”制约。

另一方面，宪政运动的这种依附性被“富强”的追求不断地再编和补强，直至被革命话语造成的“下层轰动”替代。这一过程在陈志让笔下是一种通向“帝国主义”的自强方案：“严复等社会进化论者制定了一个在道德、智力、体力诸方面自强的方案，相应地，他们也为近代中国寻求新的政治模式确定了一个历史的基调：梁启超式的新民，孙中山式的革命者，袁世凯式的军人，最终会率领中国向帝国主义迈进。”[1]这一基调使得革命的目标依然没有摆脱清末的遗留问题，自上而下的改革从朝廷主导转变为由政府、党、强人领袖代行人民意志，形成新秩序所需要的强有力的领导能力的建立以“代行主义”的形式出现，洪宪帝制就是这种“代行主义”的开端和高峰，继之而起的是孙

① [加]陈志让：《乱世奸雄袁世凯》，第234页。

中山的“训政”。[①]

以上分析，如果要举一例证的话，可以从1913年12月袁世凯在“政治会议”上的一次讲话中得到确认：

> 国力之强否，视其内政外交之若何；而内政外交之善否，又视其政府之强固与否，而国体为君主为民主不与焉。共和政治，为宪政之极轨，本大总统欣然慕之，然何谓招牌一改，国力即随之充足。即以目今之内

① 辛亥革命为革命派和所有参加革命的其他政治势力带来了两大任务，即共和制民主主义的实现和强有力的领导能力的建立。一方面，辛亥革命后产生了三个相当于议会的政治机构，暂时实现了有限的政治参与和民主政治：各省都督府代表联合会（1911.11.15～1912.1.17）临时参议院（1912.1.28～1913.4.8）和正式国会（1913.4.8～1913.11.4）。另一方面，赋予政府或政党强有力的领导能力是实现宪政的手段，于是，宪政史上“代行主义”确立起来，并且在军法之治、约法之治和宪法之治的宪政道路上一直保有正当性。在中国同盟会1906年发表的纲领性文件《军政府宣言》中，军法之治是指“军政府督率国民旧污之时代”，“军队与人民治于军法之下，军队为人民戮力破敌，人民供军队之需要及不妨其安宁”。约法之治是“军政府授地方自治权于人民，而自总揽国事之时代”。宪法之治是“军政府解除权柄，宪法上国家机关分掌国事之时代”，而宪政实现的关键是“国民循序渐进，养成自由平等之资格”。简言之，当时的问题是：在现有的独裁权力下如何实现将来的民主主义。参见［日］山田辰雄《袁世凯帝制问题再考——古德诺与杨度》，载中国社会科学院近代史研究所编《近代中国与世界——第二届近代中国与世界学术讨论会论文集（第三卷），2000年；《军政府宣言》（1906），广东省社会科学院历史研究室等编《孙中山全集》第1卷，中华书局1981年版，第296—298页。

政外交而论，紊乱何堪设想。一般人民以国体既改，国民均属平等，于是乎子抗其父，妻抗其夫，属员抵抗长官，军士抵抗统帅，以抵抗命令为平等，以服从命令为奇辱。而政治遂不能收统一之效。[①]

如袁世凯所说，他寻求国力的强盛，而这种强盛是先要在他的领导下统一全国，才能取得。袁世凯试图依靠封建帝制的经验把人民聚集在他的周围，他终究被迫全部依赖于这条经验：对于中国人而言，效忠于一个人，比忠于国家或忠于抽象的约法更易于理解。袁世凯的独断专行表明他在行动上否定了“由多数决定”的西方式民主形式。他深知无论是立宪派或革命派，从没有一个敢与中国文化开战，“尊师敬长”的中国伦理传统容不下“子抗其父，妻抗其夫”的新法。袁世凯没有成为这样的反叛者，创办《新青年》的五四人陈独秀则向前迈进了一大步。同样以独断著称的他在袁世凯离世后写下惊人之语：“现代立宪国家，无论君主共和，皆有政党。其投身政党生活者，莫不发挥个人独立信仰之精神，各行其是：子不必同于父，妻不必同于夫。”[②]袁世凯对于传统经验的依赖最终“自毁长城”，而陈独秀和五四运动则开始了“剖腹藏珠”的大冒险。

从慈禧统治下的绅-军政权到军阀时期的军-绅政权，中国人始终在大一统的观念中寻求现代化的道路。社会达尔文主义在催生民族主义的同时也限制了宪法的中国语境：宪法不是西方意义上对权

① 陆纯编：《袁大总统书牍汇编》，转引自陈志让《乱世奸雄袁世凯》，湖南人民出版社1988年版，第165—166页。

② 陈独秀：《孔子之道与现代生活》，1916年12月1日，《新青年》第二卷第四期。

力品质的法律规范，而是“适者生存”之“进化”气氛中的应景之作，最后竟退化为派系斗争的工具和政争的装饰品。如陈志让所说，传统的标准是有道无道，而宪法的标准是合法违法，这是中国有了宪法之后的第一个大问题。之后的道德与宪法的问题、宪法与权力的问题、宪法与程序的问题个个都棘手难办。在民国政治顾问辛博森眼中，洪宪帝制的失败与“政治死亡”的意思大致相当：“像中国在1916年不得不做的那样，回过头去，重新开始本该在1912年完成的工作。”[①]至此，宪政之路上又生出笔与枪的焦灼战局。儒教君主制虽已终结，但它的潜能隐于历史。袁世凯的洪宪帝制、张勋的复辟政变都试图把宪法纳入传统的道义范畴。“精神宪法”的概念在宣统皇帝复位诏书的表述中达到极致：“以纲常名教为精神之宪法，以礼义廉耻收溃决之人心。”[②]

社会达尔文主义在催生民族主义的同时也限制了宪法的中国语境：宪法不是西方意义上对权力品质的法律规范，而是“适者生存”之“进化”气氛中的应景之作，最后竟退化为派系斗争的工具和政争的装饰品。

① [英]帕特南·威尔：《帝国梦魇：乱世袁世凯》，秦传安译，中央编译出版社2006年版，第264—266页。

② [加]陈志让：《军绅政权——近代中国的军阀时期》，生活·读书·新知三联书店1980年版，第106—107页。

从文化的角度来看，对于满人而言，创造一种秩序的观念只是历史的遗物。老舍笔下的旗人基督徒“多老大”就饱受这一遗物的折磨：

> 多老大对自己是不是在旗，是否应当保持旗人的尊严，似乎已不大在意。可是，每逢他想起“敬”烟的规矩，便又不能不承认旗人的优越。是呀，这一条，和类似的多少条规矩，无论怎么说，也不能不算旗人们的创造。在他信教以后，他甚至这么想过：上帝创造了北京人，北京的旗人创造了一切规矩。[①]

对于另一个复辟者袁世凯而言，在运用了一切手段，包括暗杀之后，其大总统身份还不如在前清朝廷里做直隶总督时的处境，这使他越来越怀念古代帝王的权力。袁氏借助传统仪式称帝的事实在某种程度上与列维·施特劳斯的观点不谋而合：神话不是关于过去的，而只是人们思考现在的一种方法。

---

① 康熙等满清皇帝试图以诸如定期围猎、开武举的方式保持满人的尚武传统，但儒家的文化优势却一直占据上风。旗人们渴望成为经学家、诗人，以跻身文官之列。18世纪中期之后，绝大多数旗人似乎已不会骑马、狩猎，他们成为整日悠闲度日的受供养者。魏斐德认为明朝后期的危机源于文人与武人这个阶层的分离，而满人的统治体现了这两个阶层间一种新的稳定关系，一种妥协。无论是明是清，都没能解决一个困扰“近代”中国的老问题：在文官武将之外的“民”如何寻求在政治上活动的余地？参见[美]魏斐德《洪业：清朝开国史》，陈苏镇、薄小莹等译，江苏人民出版社2003年版，第364、622—623页；老舍：《老舍小说全集·第八卷·正红旗下》，长江文艺出版社2004年版，第399页。

结语

列文森在《儒教中国及其现代命运》中不断提出的问题是:“为什么在中国历史的大部分时间里,新思想是否有悖传统,必须受到检验,而在近代,传统是否有悖于强势新思想,则必须受到检验?”[①]此说的基本预设是西方独占了一切超历史的普遍价值,中国只有接近西方才能进步。儒教中国得以存续的关键在于君主与官僚制度的对立关系与控制机制,而西方因素的出现使贫弱的中国逐渐成为一个“失去了对立关系的社会”。传统主义者由于丧失了思想的自明性而丧失自信,而反传统主义者在接受—拒绝—再接受西方思想的过程中获得了心理安定的方式。[②]列文森的独断前提并不能与历史相调和,如近藤邦康所说,“把抵抗西方之物作为游离于知的世界之外的土壤中所产生的一种情绪的、心理的要求(慰藉)来说明”,其实是

① [美]魏斐德:《小议列文森的官僚体系——君主对立关系主题的发展》,载《讲述中国历史》,东方出版社2008年版,第74—83页。

② [日]近藤邦康:《救亡与传统——五四思想形成之内在逻辑》,第242页。

在回避根本性的问题。[1]

如果承认西方独享一切超历史的普遍真理，中国的政治智慧就是零甚至负数，这显然不合常理。博尔赫斯说，一个国家的特征在其想象力中表现得最充分。当回顾人类政治智慧的开端时，西方人首先想到的是苏格拉底。在他生命的最后一个下午，他的习惯仍然是“讨论”，以不同的方式进行讨论。此后，政治便常常被想象成某种“议会”的类型，虽不失精致，却总弥漫着找不到领路英雄的失望气氛。中国人通常相信制度是决定性的东西，而新制度只有在被指涉回构成“礼”的历史与书面世界时才能存在。《礼记》中说孔子“祖述尧舜，宪章文武”，从历史的角度解决了权力品质的问题。商周之际，箕子为武王陈述《洪范》，于是西周礼乐之制被确定为一种中国式政治标准。

《洪范》中的“九畴”是治国平天下的条理，中国人向来是对它没有意见的：“初一曰五行，次二曰敬用五事，次三曰农用八政，次四曰协用五纪，次五曰建用皇极，次六曰乂用三德，次七曰明用稽疑，次八曰念用庶征，次九曰向用五福，威用六极。”这一完美的秩序如同戏文中的唱词，“文官执笔安天下，武将上马定乾坤”。直到19世纪末，中国人都把它来想象成“天下文明”的标准。当然，制礼与改制是与道义相关的大事，只有圣王才有资格，礼下庶人不过是一种额外的出路。于是，在危机四伏的清末，民主的潜能被想象成《尚书》中的“谋及乃心，谋及卿士，谋及庶人，谋及卜筮”。而在王气渐失、兵气日盛的民国，民主又被想象成“庶民的胜利”，颇有点“礼失而求诸野”的味道。

① ［日］近藤邦康：《救亡与传统——五四思想形成之内在逻辑》，第245页。

中国古时有礼仪三千，秦变制度，隋变文物，之后才有汉唐文明的舒枝展叶。百年来的生于忧患，仍是在寻求文明的翻新。若要打破“尊西人若帝天，视西籍如神圣”的虚妄，现今我们要面对的问题仍是要追问：宪政与民主何以成礼？谁人能再为时代陈述《洪范·九畴》？

若要打破“尊西人若帝天，视西籍如神圣”的虚妄，现今我们要面对的问题仍是要追问：宪政与民主何以成礼？谁人能再为时代陈述《洪范·九畴》？

相传太平军在南京住下之后，看见民间在种田做生意，便开始羡慕有家乡的湘军。万物都宁愿保持其本来面貌，中国亦如是。

新民說

Http://e.weibo.com/xinminshuo
E-mail:fanxin@bbtpress.com